追愛
真實的愛情故事
就在你我身旁——
葉子涵◎著

編輯序

女人的美，要讓男人看見，男人的愛，要讓女人聽見！

男女那點事，說高尚點，就是愛情和婚姻；說俗氣點，就是床上一點事，床下一堆事。

男女那點事，說大不大，說小不小。男女之間本沒有事，說的人多了，也就有了事。如果處理不好，不但男人受累，女人受傷，生活也變得無趣。

男女那點事，摻雜著人類誤解最多的情感。男人常常感慨，對女人越來越讀不懂；女人時時迷惑，對男人越來越難以把握。

解決這一問題的關鍵，就是要知道其中的癥結所在。首先，我們必須知道，男人是視覺系。所謂視覺系，背後的意思就是以貌取人。男人一遇見漂亮女人，就會像蒼蠅一樣圍繞著她，話多了，情重了，笑容燦爛了，精神也抖擻了。然而一碰到「恐龍妹」，立刻成了坐懷不亂的柳下惠，嚴肅得很。有些男人善於偽裝自己，遇見美女只是多看幾眼，頂多在心裡想入非非一下；有些男人也許荷爾蒙分泌旺盛，太過好色，見了美女就眼睛發直，大流口水。這也難怪，男人就是用視覺來提高自己慾望的，所以，女人大可不必譏諷男人這種「膚淺」的審美觀。

有人說並非所有男人都是膚淺的，他會宣稱自己不在乎外表，妳永遠是他眼裡最美的；或者，他真心誠意地愛著妳純潔美好的心靈。

鬼話連篇！

除非瞎了，否則男人永遠愛美女，走在街上，他絕對緊盯著性感尤物而非買菜的大嬸。

如果說男人是視覺系，總是用眼睛談戀愛，容易受到青春美貌的誘惑，那麼，女人就屬於聽覺系，容易「一聽鍾情」，總是不停地要男人對她說「我愛妳」。誰對她極盡讚美，她就心中竊喜，回家以後還會細細回味。假使追美女是男人在情場上勇往直前的興奮劑，那麼甜言蜜語則是女人滋補容顏最好的營養品。

有位兩性愛情作家主張，戀愛中男主角的言語，一定要像廣告文案，可以適度地誇張、煽情，帶點詩意，甚至可以虛構。簡而言之，就是要大言不慚地說謊，不但不能眨眼心虛，還要聲情並茂，因為女人是用耳朵談戀愛的。

陶醉於美色時，男人睜大眼睛；陶醉於讚美時，女人閉著眼睛。

作為女人，別忘了，男人有視覺需求，所以無論約會、逛街、燭光晚餐，妳都得細細梳妝，將女人的嬌羞動人、欲語還休，表現得淋漓盡致。

作為男人，要明白女人是聽覺動物，所以不要吝嗇你的誓言，儘管我們都知道這誓言也許像寫在水上、飄在風裡那般虛無縹緲，但至少聽到的那一刻，她是醉在心裡的。

所以，女人的美，要讓男人看見；男人的愛，要讓女人聽見。

本書以小說體故事為主線貫穿全書，人物個性鮮明，以現實題材的故事實例，帶領讀者們直擊兩性情感中所遭遇的各種問題，進而更加深入地向渴望愛與被愛的紅塵男女們，揭示情感問題的解決之道。

值得注意的是，作者不是教你如何談戀愛，而是讓你明白戀愛中的雙方究竟在想什麼，學習互理解與包容，每一次都要談一場更好的戀愛。

自序

愛情是一場「角力戰」

男人和女人的兩性之戰，雙方最常問的問題莫過於——「為什麼你不懂我？」此話一出，男女雙方無不覺得自己滿腹委屈，有種不是自己不願去理解，而是對方很難理解的感覺。女人覺得男人不體貼自己，因為男人所想常常與女人所願「擦肩而過」；男人埋怨女人不體諒自己，因為女人所盼常常超過男人能力之限。

每一段感情都必然出現這樣的問題，與愛或不愛、愛的多少、愛的深淺沒什麼關係。但沉迷於情感中的男女經常無法理解，尤其是對女人而言，她們認為既然兩人相愛，就要身心結合，對方又怎能不理解自己呢？可是冷靜下來想，子女與父母之間尚無法完全瞭解彼此，更何況是眼前從陌生變熟悉的他呢？

男人和女人本質上就是完全不同的，無論對待生活還是感情，彼此間的差異都很大。男人喜歡用「眼睛」來評判女人的價值；而女人則慣於靠「耳朵」去辨別男人愛情的真偽……正因為如此，從古至今，男人大都逃不過「狐媚」的女子，女人則躲不過「花言巧語」的男子。

簡言之，這個世界上，男人都貪戀女人的容貌，女人皆迷戀男人的情話。

不過，沒有哪個女人能夠在一個男人面前永保美麗；也鮮有男人能對著一個女人永遠情話綿綿，久而久之，男女之間的矛盾便被挑起。男人開始抱怨眼前的女人為何大不如從前，曾經的美麗溫柔如今已被不修邊幅所吞噬；而女人則逐漸不滿男人「無所謂」的態度，質問那個曾經體貼說情話的「暖男」上哪兒去了？

問題的答案看似簡單，解決起來卻十分困難，畢竟感情中能夠真正站在對方角度去思考的人並不多。你我都清楚，愛情是一場「角力戰」，熱戀期一過，男人與女人的戰爭便開始由「床上床下」轉變為「你本來就該瞭解我」！

「誰該瞭解誰」？「如何瞭解」？這絕對是男女關係中最大的問題，而答案更是全球超過億萬女性朋友們迫切想知道的。

戀愛中的女人最常犯的錯誤，就是總要在某些時候和男人爭個是非對錯，若男人不服輸，不承認錯了，她們便會把男人當初如何追求自己、如何承諾的舊話翻出來清算，一遍又一遍，沒完沒了。

誠然，男人在追女人的時候，都會對女人百般殷勤，但女人也要知道，世界上真正因為感動而在一起的人終究是少數，大部分的男女感情都存在著相互吸引法則，倘若妳對一個男人不來電，無論他做什麼都無法感動妳。更何況，真正為感激男人的付出而願與他牽手的女人，正因為心存感激，所以絕不會輕易說出「當初……我才……」這樣的話。

愛情本是如此，沒有誰能成為贏家，也不會有人成為輸家，沒有絕對的對錯，只有誰被誰征服。若男人先被女人征服，那麼往後的日子，女人自然會占上風；反之，若女人被男人征服，那麼，她自會對男人服服貼貼……但有一個共同的前提是，男人或女人願意被對方征服。

愛情猶如一場戰爭，這話不假，男人女人在這場愛情之戰中各執一方，只有當一方萌生了「贏你」或「輸你」的意願，你才有可能去征服對方或被對方征服，不然，就算你僥倖取勝，她（他）成了你的戰俘，也不會心甘情願待在你身邊，一定會想辦法反攻或乾脆逃走。

這是愛情的原理，從無對錯。男人對妳獻殷勤，是因為他先被妳的魅力吸引；妳接受男人的殷勤，是因為妳願意去征服，不拒絕，代表他也有吸引妳的地方。

那些在愛情中動不動就翻舊帳，非要逼男人低頭認錯，總想要占上風的女人時常不懂，男人起初被妳的魅力征服，但當妳決定與他攜手人生的那一刻，妳也已經被他征服了。此時女人若非要分個高低對錯，只會疏遠彼此的關係，讓男人遠離妳！

Chapter 1

如何脫離「敗犬」一族

男人是「視覺動物」，習慣用眼睛將女人分成「三六九等」，或美麗、或野性、或溫柔可親……他們開始一段愛情，常常是因為一個女人的「第一眼」；而結束一段感情，則是迷戀上了其他女人的「第一眼」。

Chapter 2

難道妳真的比第三者差？

女人始終無法明白，為何當妳成為他的另一半後，
永遠不及偶然出現的「她」？
或許，男人也曾在心中質問自己千百遍，
或受限於承諾與道德，可有的還是越過了防線，
游離於愛人與情人之間。
這究竟是男人的過，還是女人自己的錯……

Chapter 3

關於女人們「聽說」的那些事

世界上沒有女人不喜歡聽「情話」，
甚至有很多女人透過情話來判斷男人的內心是否真摯。
誠然，這樣的判斷也意味著漏洞百出，
可是女人依舊願意將錯就錯。
感情世界裡，與其說女人是感覺的動物，
不如說女人是聽覺的動物……

Chapter 4

再美好的「浪漫」也要「現實」來買單

這個世界上總有一些女人做著「灰姑娘」的夢，
並且因夢境的完美而無法接受現實的殘缺。
可是，哪裡有那麼多的白馬王子呢？
女人，別傻了，不要為了一時的浪漫，毀了現實的幸福。
很多時候，男人心更似海底針！

Chapter 5

無限期延長愛情「保鮮期」

有人說，再完美的愛情也只有三個月的保鮮期，
時間一過，再多的激情也會變淡。
事實上，感情保鮮期本身就是一場男女拉鋸戰，
並非取決於時間的界限，而在於你來我往之中的「小手段」。

Chapter 6

下一步，婚姻……其實我們都害怕

愛情是場戰役，男、女各據一方，輸贏不重要，在於誰被誰征服。
很多人認為，一旦一方被另一方征服，愛情的戰役便結束了，
兩個人開始熱戀，而後是順其自然地結婚、生活。
但事實上，婚姻生活並非那麼順其自然，那麼平靜，
相反地，婚姻是愛情戰役的一種延續，只會更加激烈，
需要更多的迂迴與謀略……

Chapter 7

我們結婚了，接下來怎麼辦？

結婚容易，一場酒席，兩紙證書就搞定了，
可婚後生活不容易，那是兩個人相互磨合與包容的過程。
過程中考驗的不僅是忠貞，更多的是彼此的容忍。
當然，愛是容忍程度的前提。
男人和女人，本是兩個截然不同的個體，
結合在一起，共同生活數十載，究竟雙方心裡是怎麼想的？

Chapter 8

挑男人就像「撿貝殼」

無論男女，到一定年齡就會想戀愛結婚，這是很自然的過程。
然而，浮華都市中，也免不了有那麼一群男女，
戀了又戀也沒結婚，挑了又挑也沒選中一個「合適」的人。
一段愛情的結束是因為另一段愛情的開始，
遇上了一個人卻又擔心不是對的人……

Chapter 1

如何脫離「敗犬」一族

男人是「視覺動物」，習慣用眼睛將女人分成「三六九等」，
或美麗、或野性、或溫柔可親……
他們開始一段愛情，常常是因為一個女人的「第一眼」；
而結束一段感情，則是迷戀上了其他女人的「第一眼」。

1 男人不喜歡太「黏」的女人

段美旭最近很煩，自從男友換了工作後，她越來越感覺到男友的疏遠。雖然每次談及此事時，男友總是以工作太忙、新環境需要更努力才能適應等理由自圓其說，但在段美旭的內心深處，早已對彼此的感情失去了安全感。

為此，她曾找閨蜜之一的金允恩訴苦。允恩神經比較大條，反倒勸段美旭不要想太多，或許只是因為段美旭現在待在家裡的緣故，還建議她試著找份工作去上班，這樣兩個人都有彼此的事要忙，空間距離拉開了，就不會時常煩惱了。當時段美旭對此也十分贊同，可回到家沒一會兒她就覺得不妥，認為兩個人相戀就應該時時刻刻黏在一起才對。

想到這裡，眼看著時間已經晚上八點多了，可男友連個電話也沒有打來，段美旭坐不住了，立刻拿起電話撥過去。電話接通卻立刻被掛掉，不放棄，繼續打，一連五通奪命連環 CALL，男友終於接了。

「有什麼急事嗎？我正在開會做提案報告呢，大老闆也在！」男友在電話那頭壓低了聲音說。

「我很想你，你怎麼不打一個電話回來？」段美旭不放棄地撒嬌道。

「我現在真的很忙，先掛了！」男友草草地掛了電話。

段美旭一個人僵在家裡，「剛認識時一天到晚黏著我，怎麼換了新工作就對我愛理不理了？」她心想著，越發覺得委屈，繼續打電話。電話接通了，男友有些不耐煩，美旭便撒謊，說自己感冒發燒，病得很重，無奈之下，男友只好臨時請假回來陪她。

又過了一段時間，公司派男友去馬來西亞考察學習，段美旭知道後，接連幾天一直在男友耳邊嘮叨，說自己也要去，就連金允恩在這段期間誘惑她一起去香港來趟購物之旅她也沒興趣。

總之，男友去哪兒，她就一定要跟著。

最後男友只好妥協，但他要住在對方公司安排的培訓中心，段美旭不能隨行，只好住在附近的酒店。每日幾通電話，打得男友叫苦連天，最後終於被徹底激怒了。

段美旭覺得委屈，連夜飛回台北，找金允恩哭訴。

作為閨蜜的允恩，明知這件事多半是段美旭的錯，可是見她哭得梨花帶雨，也只好幫著罵段美旭的男友不識好歹。

等段美旭心情平復了，金允恩說：「不如找份工作吧，有事情做，就會把妳的生活空間填滿。兩個人再怎麼相愛，彼此還是需要空間的，這是物極必反的道理。」

這一次段美旭答應了，沒多久就找了份工作。雖然上班之初她和男友還處於冷戰階段，但沒多久兩人就和好了。

第三隻眼看愛情

對於大多數女人而言，她們眼中的男人屬於「哪有貓兒不偷腥」的類型，哪天放鬆了警戒，他們就會被外面的阿貓、阿狗勾引走。

可是，女人的步步緊逼，反而會迫使男人步步退讓，直到退無可退時，就會亮出女人最不想揭曉的底牌——分手！

女人一旦戀愛了，滿心想的就是時時刻刻與另一半黏在一起，可是男人呢？他才不願意接受這種相處模式，畢竟，對於絕大多數的男人而言，私人空間是不可侵犯的。為了保持理想中的自由，便開始刻意和女人保持一定的距離。當然，這個距離並不會傷及你們的愛情。若妳是個通情達理的女人，滿足他對自由的這種渴望，和他相處時保持一小段距離，就不難發現，你們的感情絕不會因為這段觸手可及的距離而變淡。

這是距離的學問，更是男女相處的大智慧。

2 白玫瑰與紅玫瑰

自段美旭和男友鬧彆扭以來，長達兩個月的時間，眾姊妹們都沒怎麼聚會。現在段美旭和男友終於和好如初，過著恩愛的小日子，金允恩實在坐不住了，電話聯繫了崔家橙，還有自己的室友兼密友齊甜，約大夥兒在老地方見面——一家她們時常聚會的小咖啡館。

到了約定的時間，身為召集人的金允恩第一個抵達，選了常坐的位置，等了幾分鐘仍不見有人來，有些無聊地翻出手機上網，沒多久，段美旭笑盈盈地走進來。

「妳真討厭，人家本來約了男友看電影的！」段美旭在金允恩對面坐下，故作責備地說。

「我看啊，妳和他上輩子肯定是連體嬰，這輩子怎麼也分不開，我跟妳說多少遍了，記住，有距離才會美！」金允恩也不示弱。

兩個人閒聊的時候，齊甜和崔家橙也進來了。

「妳們怎麼一起來了？」段美旭見兩人一同進來，不禁有些詫異，兩人工作地點一南一北，應該完全不順路才對啊。

「哦，我今天提前下班去商場買東西，剛好遇見家橙，就搭她的車過來了。」齊甜邊說邊坐下，崔家橙也跟著找了座位坐定。

四個人點了飲料後，便開始了每次聚會的例行公事——八卦，從你的公司到我的公司，沒有問不到的卦，只有想不到的爆點。

可不是嘛！齊甜剛坐下就說起了公司新任總監的情史：

「我們公司的總監，據說同時和兩個女生談戀愛哦，看來帥哥果真都靠不住！」齊甜一手攬著桌上的咖啡杯，一手撥弄著頭髮說。

「我看不是只有帥哥靠不住，而是天底下的男人都一個樣。有人把世上的女人比作白玫瑰和紅玫瑰，在我看來，男人就算有了白玫瑰也渴望紅玫瑰，只不過帥哥對自己夠自信，覺得能夠同時擁有二者。」崔家橙悠悠地說道，好像她是這世上成千上萬男人肚裡的蛔蟲一般。

「白玫瑰，溫柔多情；紅玫瑰，性感嫵媚，要我是男人也喜歡。妳想，這感覺就好比我們以前總是喝芒果奶昔，時間久了也會覺得反胃，突然有了一杯薄荷茶，不也想試試嗎？這樣想想，其實男人朝三暮四也是情有可原的。」金允恩說道。

「是嗎？既然妳這麼幫男人說話，不如讓妳的陸凡也去尋找新口味吧！」齊甜故意打趣道。

「他敢？打斷他的腿！」金允恩惡狠狠地說，惹來一陣大笑。

「那妳們覺得自己是白玫瑰，還是紅玫瑰？」崔家橙問。

眾姊妹陷入了短暫的沉思，齊甜先開口：「我覺得允恩和家橙應該都屬於紅玫瑰，美旭自然是白玫瑰了。」

段美旭聽齊甜說自己是白玫瑰，正沾沾自喜，不料允恩突然恍然大悟般補了一句：「男人對我們的愛其實是單一面向的，如果我們能同時擁有兩種面向就好了，既是白玫瑰又是紅玫瑰。」

「那樣當然好了，可是這些特質是天生性格所致，難道要為了男人改變自己？」崔家橙對金允恩的話嗤之以鼻。

「話是如此，但愛情這件事，相識靠運氣，相戀靠勇氣，相守不就該靠心計嗎？

難不成在座的各位，真以為偉大的愛情可以讓兩個人在一起永遠保鮮嗎？」金允恩說完，大家頓時啞口無言，似乎對她的話表示贊同，也似乎正在反思自己的感情。

第三隻眼看愛情

這個世界上，真正專情不花心的男人實在太少了。

可是，為什麼現實中只有少數男人真的出軌呢？因為大多數男人都太精於算計，知道出軌的代價是自己難以負荷的，所以也只是想想罷了。

回到金允恩的話，男人無法抵禦兩種女人——白玫瑰和紅玫瑰，因為她們都太有代表性，又太有反差性，周旋其間，始終不會覺得乏味。

女人不妨嘗試去開發自己潛在的另一面，性感嫵媚的女人不一定沒有溫婉的一面；而賢慧溫柔的女人也不一定就不能性感嫵媚。上帝創造女人，賦予女人的能力遠超過女人本身所能想像，換言之，每個人都可以是充滿多重魅力的天使，可以肆意創造，而男人又偏偏鍾愛「百變女人」。

何樂而不為呢？

3 誰才是「優等佳人」？

週三下午例會後，金允恩被叫到總監辦公室。

「我看了妳的企劃，不錯，這個案子就交給妳來做吧！」總監笑著說。

這是允恩第一次獨立負責大案子，心裡不免有些激動，趕忙說：「好的，我一定會努力做到最好！」

「我相信妳的能力，不過這個案子甲方公司還會派一個人和妳一起執行……」總監說著，電話響了，允恩聽見總監最後一句是「請她直接來我辦公室。」

掛掉電話後，總監說：「甲方派來協助妳的人已經來了，你們正好認識一下。」

就在此時，來人推門而至。允恩側頭打量了一番進來的女人，一身光鮮，眉宇間妖嬈得很。

「給妳介紹一下，這是明彩，這是金允恩，希望二位能好好配合！」總監笑著說。

允恩禮貌地回給明彩一個微笑，不料收到的卻是明彩的話裡有話：「早就聽聞金允恩的大名，上次豪華遊輪派對的案子就是妳做的吧，妳的表現很突出啊！」

允恩正努力回想好像在哪裡見過明彩，被她一提醒，想起來了，就是在自己負責的遊輪派對上，不過當時她們毫無交集。只是允恩不知道，明彩正是當日在遊輪上主動和自己搭訕的「鑽石王老五」夏正南的情婦。夏正南見過金允恩後一直念念不忘，甚至中斷了與明彩的來往，明彩自然心懷怨恨。

這次明彩所在的公司要和金允恩的公司合作，聽說計畫負責人是金允恩，明彩便主動請纓來協助這個案子。雖然明彩隸屬客戶開發部，按理說不能參與這項工作，但只要在總經理面前賣弄一下風騷，便水到渠成了。

現在，明彩一心想的就是讓金允恩出醜，而且還要在她負責專案的慶功晚會上出醜，明彩已經打聽過，那天同為投資廠商之一的夏正南也會出席。她就是想讓夏正南看看，誰才是真正的「優質佳人」。

由於明彩初次見面時對自己橫眉冷對，金允恩很擔心合作期間會惹出麻煩，沒想到，之後明彩竟連個人影都不見，專案就圓滿結束了。

後天就是慶功晚會了，安排好一切後，金允恩正準備下班回家，卻在公司門口遇到明彩。

這顯然不是巧合，眼看都晚上九點多了。

明彩亮出自己專案協力的身分，說後天的慶功晚會要由她來負責。這段時間允恩忙著執行專案而筋疲力竭，心想「妳願意管就給妳管吧」，便打電話給助理，請她傳派對企劃和執行方案給明彩。

舉行晚會這天，允恩穿了小洋裝來到現場，不料出了很多狀況，負責迎賓簽到的服務小姐竟然沒來，晚會的服務生也少了兩個。總監對此有些生氣，允恩解釋晚會是明彩自己說要負責籌辦的，但沒想到明彩到場後，卻說自己也不知道工作人員為什麼沒來，好像允恩給她的企劃案中本來就沒有安排好，總監無奈丟給允恩一句話，要她趕緊處理好。

眼看著賓客入場時間就要到了，根本來不及去找新的司儀，允恩只好自己充任，又安排助理充當一下服務生。

允恩換下小洋裝，穿上了司儀的服裝，把洋裝隨手放進更衣室旁的櫃子裡，看看時間，「應該來得及，處理好簽到事宜後再回來換吧！」允恩心想。

酒店入口，允恩身著淺紫色的司儀服裝，微笑著協助來場的嘉賓簽到，明彩則站在大門一旁等夏正南。不一會兒，夏正南下了車，明彩立刻迎過去，她知道大廳人來人往，夏正南也不好拒絕她，便勾著夏正南一同去簽到，簽到時還不忘揶揄金允恩：

「妳看妳工作能力多好，什麼角色都能拿捏得當，要是換成我遇到今天這種狀況，鐵定完蛋了！」說完，勾著夏正南趾高氣揚地走了，邊走還不忘在夏正南耳邊說：「這套司儀制服她穿起來還挺適合的，對不對？」

夏正南沒有說話，只是微微地皺了皺眉頭。

簽到完畢，允恩趕忙跑回更衣室換衣服，不料卻找不到衣服了，「明明放在這裡啊？」允恩嘀咕著左翻右翻，還是找不到，「該怎麼辦呢？晚會馬上要開始了，還得上台講話呢，總不能穿司儀的衣服上去吧，總監肯定會氣死。」正當允恩愁眉苦臉地走出更衣室，恰巧碰見了夏正南。

「怎麼了？」夏正南見允恩一臉著急便問道。

「我的禮服本來放在這裡，可是現在找不到了。」

「我幫妳吧！」夏正南說著看了看時間，「還來得及，跟我走，我知道哪裡有妳能穿的禮服。」

允恩半信半疑地看看夏正南，又看看時間，心想也只能死馬當活馬醫了，就跟夏正南走了。

夏正南帶允恩來到飯店裡的一間高級套房，輸入密碼，帶允恩進去後，他拉開衣櫃的門，裡面有各式各樣的華服。允恩有些驚訝地看著夏正南，他笑著說：「不要誤會，我姊姊是這家酒店的股東之一，這是她的ＶＩＰ房，衣櫃裡的衣服都是她的，妳選一件趕緊換上吧！」

「這樣好嗎？」允恩問。

「沒關係的，快點，要來不及了，我先去會場，妳換完直接出來，把門帶上就可以了。」說完，夏正南微笑著離開了。

允恩匆忙翻了翻衣櫃，都是名牌，好多都還沒拆吊牌。找了一套跟自己尺碼差不多的禮服，是某個精品這一季的新款，她猶豫了一下該不該拆吊牌，最後還是拆了趕忙換上。

會場這邊，晚會已經開始了，主持人說完了開場白，正有請專案負責人金允恩小姐上台說明，介紹詞都說完了，卻不見金允恩人影。明彩撇嘴壞笑著，心想「看妳怎麼辦」，然後開始滿會場找夏正南的影子，終於在會場入口處找到了，趕忙迎過去。

這時主持人再次報幕，有請金允恩小姐，可是仍不見允恩的身影，台下開始竊竊私語，允恩的總監在一旁皺緊了眉頭。

明彩心知肚明，便故作好人走上台，說：「非常抱歉，讓大家久等了，我是這個專案的協助人，既然金允恩小姐不在，我想就由我來和大家簡單地說明一下這個專案……」

明彩正說得起勁，這時金允恩現身了，雖不是驚為天人的女神，但搭配身上的禮服，再加上洋溢臉上的微笑，讓很多人不由自主將目光集中在她身上。

金允恩走上台，接過主持人的麥克風，站在明彩身旁說：「非常抱歉，也非常感謝明彩小姐替我向大家做簡單的介紹，現在由我繼續為大家報告。」

由於對專案十分熟悉，允恩講得更為清楚、生動，明彩根本插不上話，但又覺得直接走下台有些失禮，只好尷尬地站在一旁當陪襯。

第三隻眼看愛情

有多少女人天天對著鏡子祈禱，「老天爺，請賜給我一副好身材、一張好臉蛋，因為這樣我才能找到一個稱心如意的男人。」可是，女人有沒有想過，當妳同時具備了這兩者，妳挑男人的時候，到底是挑了會讓妳稱心如意的，或者，妳不過是成了讓男人稱心如意的一項選擇呢？

也許妳會認為，男人是用下半身思考的動物，能讓他產生慾望的女人就是「優質佳人」。其實不然，在慾望驅使下產生的不過是情慾，這種女人對男人而言頂多算是優等，卻談不上佳人。

那麼，怎樣才算佳人呢？自然是有內涵和修養的女人。優秀的男人找個胸大無腦的美女容易，但找個樣貌不差且內外兼修、有著獨特涵養的女人卻很難。前者對他們而言，多半只是一時的消遣玩伴，而後者，則是他們渴望一生相守的伴侶。

4 美女來襲，男人都「腳軟」

婚期將至，欣欣無比忙碌。

一天，她去公司找未婚夫曾曉偉，無意間在樓梯轉角看到曾曉偉與一位風情萬種的女人聊得不亦樂乎，頓時火冒三丈。

欣欣發了一條簡訊給未婚夫後便轉身離開，訊息內容不外乎——「婚先不結了，等你確定要選誰再說吧。」

剛收到簡訊時，曾曉偉有些摸不著頭緒，但從櫃台小姐那邊得知欣欣來過，時間差不多就是自己和分公司派來進修的女主管聊天的時候，恍然大悟，立刻開車回家。

一開門，看見欣欣一臉怨婦模樣坐在電視機前。

聽到曾曉偉開門的聲響，欣欣語氣冷淡地說：「曾總，回來啦？中午聊得還開心嗎？有美女陪聊，一定是不亦樂乎吧！」

「呵呵，妳吃醋了？」曾曉偉笑著坐到欣欣身邊。

「少跟我來這套，我可是看到那女的有多風情萬種了，你都聊得水深火熱了，還會想到我這糟糠之妻？」

「妳用成語的能力越來越強了，那女人的確風情萬種，但我們沒聊得水深火熱，妳也一點都不糟糠，在我心裡，妳比那女人更加風情萬種！」曾曉偉解釋道。

「走開啦，不要對我嬉皮笑臉的，我現在怒火中燒呢！」欣欣的氣其實已經消了一大半，剛才的簡訊也不過是一時衝動。

「我嚴肅點，好了，親愛的，妳知道，雖然我們表面上聊得很開心，不過都工作中的場面話，和妳在一起開心才是真的。別生氣了，我以後會注意，儘量嚴肅一點，我們去試婚紗吧，約好了今天下午去的。」曾曉偉笑著說。

欣欣沒再拗著脾氣，和曾曉偉出門試婚紗去了。

第三隻眼看愛情

男人看到美女都會動搖嗎？

女人煞費苦心地想找出這問題的答案——「什麼樣的男人才可靠？」找來找去，女人依舊找不出正確答案，但她至少肯定了一點：「那些每天盯著美女看的男人，肯定不可靠！」

事實上，這本身就是一個無解的問題，男人無所謂可靠，換言之，沒有男人是絕對可靠的。

男人喜歡美女，這是天性，女人看到帥哥，不也會心動嗎？

一個美女站在男人面前，如果他連看都不看一眼，那麼只能有三種可能：一，他很可能是高度近視，且當時沒戴眼鏡；二，他壓根兒不喜歡女人，是個不折不扣的同性戀；三，他的心機超級重，是個深不可測的男人。

面對一位美女的狂熱表白，男人的大腦會停頓幾秒，這時妳問他會不會動搖，若他毫不思索地回答「不會」，那麼，他很可能已經決定要行動了。謊話說得太快，就有預謀之嫌，正好說明他內心已經開始動搖了。男人若回答得猶豫不決，思前想後也不說出那句「不會」，這樣的男人妳最好馬上跟他分手，因為連謊話都不想說的男人，多半不會在乎妳的感受。

照這麼說來，天底下的男人沒一個可靠，那麼女人乾脆不要結婚了，因為結了婚也未必幸福，男人還是要出軌的。

其實不然，無論男女，婚姻都是一場競技。想贏，妳就要讓自己永遠先贏過男人身邊的女人們，只有這樣，男人才不會真的移情別戀。

生活中，假若遇到了一個讓妳心動的男人，切記，不要把所有的幸福都押在他身上，妳應該做的是投資自己，讓自己變得更加完美。

5 示弱的力量

有過一次失敗的女追男經歷後，齊甜再度看上一個對自己不來電的男人，她還在姊妹們面前發誓，若這個叫逸軒的男人真的和自己交往，她二話不說就跟他結婚。

得知這件事，金允恩大笑著問齊甜是不是該去算個命，齊甜不以為然，「女追男不行嗎？我從不假清高，只追求真幸福。」

姊妹們你一言我一語，把逸軒的身家背景問了個徹底，最後得出的結論還不錯：可靠穩重，收入不是特別高，但有自己的房子，應該算是會繼續增值的潛力股。

聽到姊妹這麼一說，齊甜決定投入到戰爭中。

逸軒和齊甜並不在同一間公司，兩人只在咖啡館遇過幾次。為了能夠引起逸軒的注意，齊甜想了很多辦法增加與他接近的機會，不過逸軒一點反應都沒有。

逸軒總是選在週五和週六晚上八點鐘來咖啡館，一直待到十點回家，齊甜也曾和他說過幾句話，偶爾還貼心地給他帶一些自製小點心。可是快兩個月過去了，逸軒對齊甜似乎一點也沒動心，讓齊甜不禁有些心灰意冷。

她把這件事告訴金允恩，允恩大罵齊甜太傻，「女人追男人為什麼總想著為他做事呢？男人不像女人，想要引起他們的注意，妳得讓他們幫妳做事！」

收到新指示的齊甜，週五晚上沒有去咖啡館，週六來到咖啡館時，逸軒依舊在，兩人相互看一眼，笑了笑，算是打招呼。齊甜坐在逸軒側面，找了一本書看，一直到晚上十點鐘左右，逸軒起身要走，齊甜上前說：「能幫我個忙嗎？」

逸軒想了一下，笑著點點頭，齊甜一臉可憐地說：「你能不能送我回家？」

「送妳回家？」逸軒似乎沒聽懂齊甜的意思，齊甜看了看他，接著說：「我昨天晚上在社區遇到一個奇怪的男人，一直在後面跟著我，我有點害怕。」

「哦，這樣啊，那……好吧！我送妳！」逸軒猶豫了一下，答應了。

兩人來到齊甜住的社區，逸軒對齊甜說：「社區很大，這麼晚回家是有點不安全，妳以後應該早點回家。」

「可是我難得一週兩天可以去咖啡館享受一下悠閒寧靜。」齊甜說道。

「我也喜歡咖啡館的寧靜。對了，謝謝妳上次送書給我！」逸軒笑著說。

「不客氣，希望你喜歡。現在天黑得早，為了安全起見，下次真的該考慮早點回家了。」齊甜說。

逸軒聽著沒說話，想了一會兒才開口：「以後我送妳回家吧！」

「會不會太麻煩你了？」齊甜心中竊喜。

「還好，我家也住這附近，順路啦！」

第三隻眼看愛情

遇到了喜歡的男人，可是對方偏偏對自己不來電，該怎麼辦？

這絕對是個很棘手的問題。

先看看大部分女人是如何做的：遇到了心儀的男人，不惜一切找機會為男人做些事情，力求用真誠感動這個男人。

這一切都做完了，男人會怎麼樣呢？多半的情況是：男人依然故我地過著自己的生活，與女人在愛情上依舊毫無交集。

女人們不解，難道他是木頭，自己為他做了這麼多，都沒感覺？感覺自然會有，但妳必須知道，認可和喜歡根本是兩回事。

扭轉全局的關鍵在於，讓男人為妳付出！

妳喜歡的男人不喜歡妳，或者眼裡沒有妳，不妨找個理由讓他為妳做點事，可以是任何理由，只要合情合理，說時不矯情且真誠，基本上都能成功。

當男人開始為女人付出之後，自然就不會再把這個女人拒之千里了。

6 可以不美麗，但不能沒魅力

夏正南坐在辦公室裡，手中拿著一個相框，他先是拿近眼前仔細看了看，接著放在辦公桌上。

照片中的不是別人，正是金允恩。

距離上次遇到金允恩也有一段日子了，雖然一直沒有任何聯繫，但夏正南還是不時想起她。說實話，在遊輪上的幾次搭訕，夏正南曉得自己吃了閉門羹，也知道金允恩對自己沒有好感，但對男人而言，女人越是把他向外推，他就越想往裡走。

夏正南再次看著照片，那是他在遊輪上偷拍的，說實話，身為一家大公司的總經理，什麼美女沒見過？夏正南想起第一次遇見金允恩的情景，在遊輪的樓梯間，他和金允恩擦肩而過，跟身邊那些女人相比，金允恩穿得很一般，如果非要找出亮點，可能就是金允恩的皮膚比較白吧。

當時金允恩正要上樓，面帶笑容，見到夏正南後禮貌地點點頭從他身邊走過，就在快轉彎的時候，她突然回過頭來，笑著問夏正南知不知道管理室怎麼走。夏正南搖搖頭，金允恩依舊微笑，然後道謝，轉身繼續上樓。可能就是這回眸一笑，深深迷住了夏正南，他第一次相信一見鍾情原來可以來自內心而不是本能。

第二次見到金允恩是在遊輪上的下午茶餐廳內，金允恩唱了一首歌，再一次擄獲了夏正南的心。他現在還清楚記得，金允恩那天穿了一條淡紫色的蕾絲裙，很漂亮，有些小性感卻一點也不俗豔。

從那一刻起，夏正南便開始關注金允恩，找機會和她搭訕，觀察她穿什麼顏色的裙子，戴什麼款式的耳環……有時候夏正南會自問，自己有錢有才又有貌，多得是年輕漂亮的女孩想貼上來，為什麼金允恩卻對自己不理不睬呢？

魅力對於女人來說，比美麗更重要。

那麼，魅力到底屬於什麼樣的女人呢？高貴的、優雅的、賢慧的、時尚的、溫柔的……是妳，是我，還是她們？其實，魅力屬於每個女人，換言之，只要妳是女人，身上總會有一種獨特的魅力。

為什麼這麼說呢？

因為一個聰明的女人會知道如何讓自己的魅力大增，而那些笨女人，只會做一些有損自己魅力的蠢事。

Chapter 2

難道妳真的比第三者差？

女人始終無法明白，為何當妳成為他的另一半後，
永遠不及偶然出現的「她」？
或許，男人也曾在心中質問自己千百遍，
或受限於承諾與道德，可有的還是越過了防線，
游離於愛人與情人之間。
這究竟是男人的過，還是女人自己的錯……

1 女人不解，為何一旦成「妻」就容易遭「棄」

週三下午，齊甜很早就完成了公司的雜誌拍攝任務，恰好拍攝地點就在距離金允恩公司不遠的大樓，便打電話相約一起喝下午茶。

允恩接到電話，看了看時間，三點多，和客戶約談事情的時間是五點，還來得及，便答應了齊甜。兩個人約在允恩公司一樓的咖啡館。

「今天這麼早？」允恩邊點下午茶邊問。「來份這個，再來份這個，對了，甜甜圈也來一個！」允恩對服務生說道。

「吃那麼多？妳中午沒吃飯？」齊甜只點了一杯冰咖啡。

「不是啦，一會兒約了客戶談生意，晚飯肯定泡湯了，所以現在多吃一點。對了！今來這邊拍攝，主角是誰？」允恩問。

「公司新接的案子，幫一個品牌拍廣告，很順利，提前結束了。」齊甜喝著咖啡得意地說。

「算妳厲害，才進公司沒多久就熬出頭了，我聽別人說你們公司的新進攝影師都得熬很久才能獨立接專案呢！」

「實力加運氣吧，攝影部經理最近有事，正是我好好表現的時候。」

兩人你一言我一語地聊著……

「他怎麼能這樣，我要去找他！」隔壁桌一個女人突然大聲說。

好奇心驅使，允恩和齊甜一起向那邊看去。

只見有三個女人，大聲說話的坐在最外面，一臉忿忿不平，坐在中間的眼角含淚，坐裡面的輕拍中間女人的背，像是在安慰。

允恩和齊甜豎起耳朵聽著隔壁桌的動靜，此時咖啡館裡人不多，算算也就三桌。過一會兒，齊甜看了允恩一眼，表示她已經明白怎麼回事了。允恩點點頭，她也明白了，隨後兩人不約而同嘆了口氣。

「妳說現在的女人怎麼就這麼笨啊，嫁人的時候不擦亮眼睛，找了個沒肩膀的，孩子生了，青春也沒了！」齊甜小聲說道。

「就算眼睛擦得再亮，也是知人知面難知心，誰能預料得到婚後會如何呢？」允恩撇撇嘴說道。

「我以前的一個鄰居，女的，四十多歲了，老公在外面又找了一個年輕的，她已人老珠黃，還要帶孩子，過得很不好。妳說為什麼女人總躲不過這樣的命運呢？」

允恩沒有說話，只是在心裡默默地為自己擔心。前陣子陸凡和自己談到明年結婚的打算，對此，允恩內心深處是有恐懼的，她害怕失去自由，害怕陸凡對她沒有現在好，也害怕有一天另一個女人出現，取代自己的位置，而那時自己已經人老珠黃……

第三隻眼看愛情

為什麼女人成為人妻後就容易被拋棄？難道男人各個都是「陳世美」？究其原因，與其說是男人沒良心，不如說是女人把自己逼到這個境地。

事實上，離婚事件中超過百分之九十的男人所提出的離婚理由，都是無法再忍受與妻子一起生活。為什麼無法忍受？因為他們發現，婚前年輕亮麗的妻子，婚後卻成了邋遢的黃臉婆。反觀女人，覺得成家了，就不必精心打扮了，把全部重心都放在相夫教子上，以為這樣就能抓住男人的心。

話雖如此，但在男人心底，他們依舊渴望有一個帶出門有面子的女人。男人需要一位賢妻，但他更愛愛美的女人。一個女人愛美，必定重視自己，重視自己必然會懂得好好愛自己。

讓自己變得完美，男人自然願意留在妳身邊。

2 男人不解，為何一旦成「夫」就將被「束縛」

週六，陸凡一個人在家拿著電視遙控器轉台轉不停，心情不太好。金允恩本來答應今天要來陪他，他也準備了牛排晚餐，結果允恩中午打電話，說有事不能來了。

陸凡在電話裡說沒關係，可心裡的鬱悶卻水漲船高。

「嘟……嘟……」陸凡的電話響了，他趕忙拿起電話，以為是允恩打來的，一看來電顯示，是最佳損友阿澤打的。

陸凡沒好氣地接聽，問對方有何貴幹？

阿澤告訴陸凡自己一個人無聊，約他出來坐一坐。陸凡剛好也一個人，就答應了，兩人約在酒吧見面。

「怎麼，今天不用陪老婆？」陸凡一見到阿澤就挖苦。這小子打從去年結婚後就很少出來和哥兒們聚會，想著當初他也是個夜店咖。

「什麼老婆不老婆的，今天不談家眷。」阿澤有些不高興地說。

陸凡一看阿澤的臉色，立刻明白他肯定是和老婆吵架了，點了兩杯威士忌後直接問：「說吧，怎麼了？」

阿澤看了看陸凡，悶頭喝了一口酒說：「我也不知道怎麼了？她都快成〇〇七了，就差把我二十四小時衛星定位。前兩天同學聚會，我留了一個女同學的電話，她知道了，就跟我鬧到現在，你說過不過分？」

「肯定是你單獨和女同學約會了？」陸凡打趣道。

「不過出去吃個飯而已！」阿澤又喝了一口酒，悶聲地說。

「你老婆知道了？」陸凡問。

「不知道，我一看到她那張特務似的嘴臉就煩，懶得說，愛怎麼懷疑就去懷疑吧，大不了離婚，我也受夠了。自從結婚後，我一點自由也沒有，出差時每隔幾小時就得打電話跟她報告行程。奇怪了，她怎麼不去應徵美國聯邦調查局算了。」

「得了，她也是因為愛你啊，多好的一個女孩，別不懂珍惜了。回去好好跟她談談，她也不是不通情理的人。」陸凡跟阿澤碰了碰杯子。

「我沒辦法跟她說話，煩人啊。」阿澤苦悶得五官都糾結在一起了。

「這事包在我身上，明天邀請你們到我家聚會，我跟你老婆談，保證說服她！」陸凡笑著說。

「要是真能讓她別再疑神疑鬼，你要什麼我都答應！」阿澤做了一個鬼臉說。

「真的？那送我一個希臘蜜月行吧，我要向允恩求婚了！」陸凡認真地說。

「真的假的？有我的前車之鑒，你還敢結婚啊？」阿澤有些驚訝地問。

「你算哪門子前車之鑒！我明明有女友卻天天見不到她人，還是趕快把婚結了，我的人生才能完整。」陸凡半帶抱怨地說。

「哈哈，原來是這樣，那我也跟允恩談談，讓你們婚後更美滿！」阿澤挖苦道。

結果，引來陸凡迎胸一拳。

第三隻眼看愛情

男人婚後的不滿大多是因為老婆把自己看得太緊了，甚至連什麼時候上廁所都得報告。老婆為了家庭放棄了自己的社交圈，為此感到無比委屈，所以也要男人放棄他的，兩個人之間的不滿也因此產生。

結婚的女人很少如婚前那麼熱衷姊妹聚會，真的是為了家庭而捨棄友情嗎？多半並非如此，她們不去聚會的理由是「最近好多事情」、「孩子生病了」、「老公需要我陪他」……其實，她們掛上電話後就窩在沙發上看電視。

這就是女人，一旦進入婚姻，往往懈怠維持友誼，總覺得姊妹之間不聚也罷，並且也以同樣的心理來要求男人——「朋友找我聚會我都不去，你為什麼成天往外跑和別人聚會，我看你根本就不想待在家裡。」脾氣硬一點的男人摔門而去，懷著無比憤怒的心情參加聚會；沒脾氣的男人懷著怨氣窩在家裡，表面上和老婆一起看電視，其實心裡非常不滿。

女人何必讓自己淪落至此？結婚只是向全世界宣布你們在一起了，又不是要你們從此只能生活在彼此熟知的方圓之內。相反地，婚姻在增進彼此關係的同時，也會因為關係太緊密而彈性疲乏。和朋友適當的聚會、外出，能夠減少這些不良反應，正所謂「小別勝新婚」不是嗎？

妳擔心放牛吃草會讓他有機會外遇，可是有句話說得好，該來的遲早要來，防不勝防，不如多些信任，給男人一些屬於自己的空間，也留一些空間給自己，這樣生活才能多些精采。

3 為何那麼多男人都說與「她」相處很放鬆

傑森是崔家橙的男友，最近兩人鬧了點彆扭，崔家橙不希望傑森繼續做兼職攝影師，考慮到將來，也考慮到自己父母對傑森的看法，她希望傑森能自己開一個攝影工作室，也算是有份自己的事業。

傑森父母走得很早，身邊只有一個還在讀大學的妹妹，雖然妹妹打工也能賺些錢，但每個月仍需哥哥匯一筆生活費。除了這項支出，傑森自己的開銷也很大，這些年幾乎沒什麼積蓄，突然要拿出一大筆資金開工作室，必然有困難。

這些崔家橙都知道，在建議傑森開工作室時，她就說明自己也會出錢幫忙，但是出於男人的自尊心，傑森堅決反對。崔家橙不明白傑森為什麼要把你的、我的分得那麼清楚，自己的父母比較介意傑森沒有一份穩定的工作，而且結婚後還會牽涉到孩子的問題，難道傑森就不能考慮長遠一點嗎？

兩個人因為這件事吵了很久，最後傑森丟下一句話：「如果覺得我不好就去找別人吧，是我本事不夠！」

聽到傑森這麼說，家橙感到萬分詫異，她不過是希望兩個人今後能生活穩定，毫無輕視他的意思。可是傑森竟會說出這樣的話，自己也沒心情再去解釋，忿忿地離開，去了允恩家。

傑森也覺得胸口發悶，見家橙摔門離開後，用力踢了沙發一腳。就在這時，傑森收到一封簡訊，是兩個月前他在攝影培訓班上教過的女孩發來的。女孩說自己拍了很多照片，想拿給傑森看，問他為什麼不繼續授課了？

傑森想了想，告訴女孩自己正準備去音樂酒吧，若有時間可以來找他。

在傑森準備喝第二瓶啤酒時，女孩來了。

女孩叫美可，是崔家橙公司的一名職員，不過這時的傑森還不知道，而美可也不知道傑森就是自己上司的男友。

美可和傑森聊了點攝影的事情，就沒別的話可說了。

傑森獨自喝著啤酒，美可坐在一旁看著。良久，美可先開口：「心情不好？遇到什麼事情了嗎？」

傑森搖頭。

「那讓我猜猜。丟了錢包？……和女友吵架？」美可問。

傑森聽到女友兩個字，突然抬頭看了看美可，美可瞬間有些落寞，心想「果然好男人都名草有主了」。

「不介意的話就和我說說吧，當我是垃圾桶。」美可說。

傑森起初不說話，等到第五瓶啤酒下肚後，話匣子就開了，把事情原原本本地告訴美可，本以為美可也會覺得自己固執，沒想到她竟然贊同自己的想法。

「男人就該有自己的理想和目標，我絕對支持你，我要是你，也會這樣做。」美可一副信誓旦旦的樣子，把傑森逗笑了。

傑森笑著說，要是女友也能這樣想就好了。

兩人聊了很多，傑森覺得美可總能站在他的角度思考，對她有種相見恨晚的感覺。

很多男人都覺得，和紅粉知己相處似乎比和自己的女友相處更加輕鬆自在。紅粉知己總是能夠站在自己的觀點上看待問題，很多被女友拒絕的想法，在紅粉知己看來都是很好的。這不由得讓男人內心產生一種落差，要麼失去自信，要麼就是覺得自己的女友不懂自己。

難道真的是女友不懂自己，紅粉知己卻能懂嗎？

哪來那麼多懂不懂，不過是站的立場不一樣，導致的結局不同罷了。

從男人的立場來說，女友之所以反對一定有她的原因。兩人在一起總會有意見相悖的時候，難道你自己每次都會順應女友的心意嗎？

而從女人的立場來說，儘量換個角度去思考問題，或許能給彼此的感情帶來新的改變。女人天生是感性的，她們更偏於主觀，習慣以自我意識為中心去思考問題，在與男人交談時，常常會過於依靠主觀喜好評判男人的想法和觀點。

另外，女友和紅粉知己還有一個最重要的不同點，那就是女友和你相處時，會不經意地思考兩人之間的事情，比如你們有一筆存款，你想拿去做一項你認為很有價值的投資，若成功了利潤很高，但就算男人把利潤說得很高，風險說得很小，女友也會因為考慮到你們的未來，擔心「萬一失敗了怎麼辦？」因此阻撓你的計畫。

但是，對你有好感的紅粉知己，因為沒有真正和你長時間相處，她在遇到相同問題時要考慮的絕不像你女友那麼多，所以她們通常會歪著頭天真地告訴你，「加油，去做你想做的吧，我支持你！」但背後隱藏的意思是，「反正我們沒在一起，你失敗了也和我沒關係。」當然這部分你是聽不到的，但能夠得到支持，內心就會無比舒暢，心中不禁給女友狂減分，給紅粉知己猛加分。

那麼，這件事到底說明了什麼？

男人要做的，就是多去理解女人，不過實際操作起來很難，因為對男人而言，理解女人的奇思妙想比登聖母峰還難，不是因為男人不夠愛女人，而是男人和女人本質上就存在著差異。

而女人該做的，就是試著拋開太多的顧慮，偶爾以局外人的身分和男友聊天，這對女人而言比較容易做到。因女人天生EQ高，這樣一來，必然會發現彼此之間的溝通順暢了，感情也會變得更好。

4 男人離不開「狐狸精」

金允恩難得有一個週末不用加班工作，便直奔男友陸凡的家。

雖然陸凡多次要求允恩搬過來和他一起住，但允恩卻偏偏嚴格執行婚前不同居的原則，陸凡無奈，只好同意允恩的想法，只有週末待在一起。

兩人吃過中飯後一起窩在沙發上看電視劇，電視中出現一位妖嬈嫵媚的女子，陸凡說了句：「快看，那女的身材真好！」

允恩瞥見陸凡的表情，然後淡淡地丟了一句：「眼珠子都要飛出去了，現實中要是有這樣的女人出現在你身邊，你肯定馬上一腳把我踢開。」

陸凡意識到自己說錯話，趕忙嬉皮笑臉，說允恩在自己眼中是獨一無二的。

允恩對陸凡的話依舊嗤之以鼻，看來在男人心裡，還是「狐狸精」最棒。

兩個人繼續看電視劇，一集接著一集，剛看到第五集，那個讓陸凡讚不絕口的女人就把女主角的老公搶走了，陸凡想讓允恩高興，彌補一下剛才說錯話的過失，便在一旁斥責搶走別人老公的女人沒道德。

但允恩卻告訴陸凡，在她看來，這裡面最沒有道德的是那個搞外遇的老公，一個巴掌拍不響，她倒覺得那個性感妖嬈的女人其實沒做什麼，不過是在男人面前多搔首弄姿了幾下，男人就乖乖地棄械投降、拋棄妻子了。根本就是那個男人沒定性，良心被狗啃了。允恩說著說著，不知道哪來的氣，連帶著把現實中的男人都罵了一頓，陸凡在一邊啞口無言。

事後，允恩問陸凡。

「你老實說，不必考慮我能不能承受，我也給你免死金牌，告訴我，是不是男人都喜歡『狐狸精』？」

「這個……」陸凡有些猶豫。

「說！」允恩喊道

「應該是吧，但喜歡不等於愛，那樣的女人只是滿足幻想而已。」

「如果現實中真的有，而且就在身邊就更好了，是吧？」允恩又問。

「不一定，男人也不喜歡自己的女人太過賣弄啊！」陸凡認真地回道。

「太過……那就是說，最好也得會嘍！」

「增加生活情趣吧！」陸凡壞笑著說。

不料此話一出，允恩旋即起身進臥室，臨關門前丟下一句：「你自己在這邊耍情趣吧，本小姐要睡覺了。」說完便反鎖房門，留下陸凡一人坐在沙發上哭笑不得。

A女人和老公在一家咖啡館喝咖啡，看見窗外B女人嫵媚走過，A女人不悅地撇撇嘴，對老公說道：「那女人一看就不是什麼『良家婦女』，走路的姿勢真是風騷！」

老公點頭，說：「對啊，我才不會喜歡這樣的女人呢！」

A女人滿意地朝著老公笑笑，但她卻不知道老公內心的真實想法是：「要是能和這樣的女人在一起，那就太好了！」

事實上，無論什麼樣的男人，他們內心深處都有「狐狸精」情結，而被貼上「壞女人」標籤的「狐狸精」，真的就不是良家婦女嗎？其實，多半是女人們的嫉妒所致。

每個女人都有自己「狐性」的一面，而妳之所以抗拒，是因為對「狐狸精」三個字的誤解，盲目地把這三字和小三、情婦混為一談。

真正的「狐狸精」女人，是懂得看重自己、懂得尋找幸福的女人！

自古狐狸多情，尤其是在神話故事的描繪下，那些美若天仙的狐狸精個個都是多情種子，也備受男人追捧。無論達官貴人還是貧窮書生，無一不拜倒在她們的石榴裙下。可是拜倒歸拜倒，狐狸精與男人之間的愛情卻常常無疾而終，要麼不見容於世俗，要麼被人唾棄是紅顏禍水。難道，狐狸精就不能擁有幸福嗎？

當然不是這樣，狐狸精應該是幸福的，因為無論哪種男人，他們內心都在尋找如狐狸精一般的女人。

其實，「媚」本來就是女人的一種天性。妳在外面可以靠自身能力和膽識創出一片天地，擁有自己的事業；在家裡，妳既可以是賢慧的太太，也可以是妖嬈的狐狸精，細心呵護經營和老公之間的感情。這樣一來，縱使老公身邊圍繞著無數的狐狸精，也不足為患。

當然，想成為男人離不開的狐狸精，女人真的需要好好修煉一番！

5 當妳在男人眼中沒魅力時，「她」的出現只是剛好而已

段美旭和男友自上次的冷戰後，過了一段看似很甜蜜的生活，但沒過多久，又有一件事情發生了。

段美旭生日時本想和男友一起慶祝，可是這天男友恰巧有重要會議要開，無奈之下，只好和金允恩她們幾個好姊妹一起度過。

一行人吃過飯後，一時興起決定到附近的ＫＴＶ續攤。

崔家橙最近和傑森鬧得不太愉快，一個人喝著酒，但表面上看不太出情緒。美旭打了通電話給男友，不過沒接通，準備再打的時候，允恩打趣道：「怎麼，我們這麼多人陪著都抵不過妳男友啊！」

美旭笑了笑，允恩拍拍她的肩膀說：「壽星，今天就忘掉男友吧，好好玩最重要。自從妳有了男友之後，不但不太出來玩，連打扮都省了，想當初妳可是我們大學裡的一枝花啊！看看妳現在，要是再不打扮打扮，就成豆腐渣了。」

「哪有？我就是因為工作穩定，感情穩定，所以才懶得打扮。再說，打扮給誰看啊！」美旭喝了口紅酒說。

「給妳男友看。我現在可知道了，這男人啊，天生就喜歡狐狸精！」允恩又想起那天和陸凡看電視劇的情形，便把經過告訴美旭，惹來一陣笑，說允恩小心眼。

齊甜則認為，女人無論有沒有男友，都得時刻注意打扮自己，就像她公司的女總監一樣，孩子都十幾歲了，每天還是打扮得那麼精緻，連新到職的小男生都被電到。她老公天天開車接送，還經常訂花送到公司曬恩愛，男人啊！有危機感才懂得珍惜。

允恩聽了齊甜的話，大為贊同，但也不忘挖苦，「有道理，那請問妳為什麼還單身呢？」

「是我眼光高！」說著，齊甜起身去包廂外上洗手間。

沒多久，齊甜垂頭喪氣走了回來，看了看美旭，似乎有話要說。

允恩問怎麼了，她猶豫半天才說：「我看到美旭的男友了。」

「真的？在哪裡？」美旭驚訝地問。

「在那邊的包廂裡，和……和一個女的，很親密！」齊甜緊皺著眉把話說完。

「什麼?!」美旭簡直不敢相信。

崔家橙也聽到了，為了確認，趕忙把包廂的音樂關掉，頓時一片安靜。

「不會吧！妳是不是看錯了，不是說在加班嗎？」家橙說。

美旭急了，要齊甜帶她去看，大家全都一起去了。

一打開包廂門，所有人都傻眼了，美旭的男友正摟著一個女人的肩陪唱歌，從女人的裝扮來看，並不是傳播妹或酒促小姐之類，倒像是個名媛千金。美旭的男友看到這陣仗也嚇一跳，趕忙藉故把一行人帶出包廂。

美旭眼淚瞬間落下，質問男友怎麼回事，允恩她們也惡狠狠地盯著他。

「既然妳撞見了，我就坦白說，其實我兩個月前就想告訴妳，但一直不知道怎麼開口……我喜歡她。」

「兩個月前，這麼說你們已經交往一陣子了？你喜歡她，可是你當時是怎麼對我說的？」美旭有些情緒激動，全身微顫。

「對不起，我當初說的話都是真的，可是相處下來，我覺得我們不合適。」

「不合適？我看你根本就是狼心狗肺，當初你追美旭的時候整天一副哈巴狗的樣子，現在她因為你成了半個家庭主婦就厭倦了是吧？人渣！」允恩生氣地大罵。

「隨妳怎麼說吧，我知道是我對不起美旭……」男人轉身欲走，被家橙叫住。

男人剛回頭，家橙迎上來就是一個響亮的巴掌，接著她推門進包廂，隨手拿起一杯酒潑向往門外張望的女人臉上，丟下一句話：「希望妳跟這個負心漢能長久一點，不然下次就換妳往別的女人臉上潑酒了！」說完，家橙拉著一臉眼淚的美旭回她們的包廂，允恩和齊甜緊隨其後。

美旭在包廂裡不停抽泣，大家怎麼安慰也沒用，允恩在一旁罵那個男人沒良心，但美旭卻覺得錯都在那個第三者身上，一直替男友找理由。

家橙大聲對美旭說：「他沒錯，那女的也沒錯，到底是誰的錯？是妳自己的錯！看看妳現在，不修邊幅，邋裡邋遢，真不知道妳怎麼想的，就妳現在這副模樣，我要是男人看了也覺得煩！」

家橙話一出口，其他三個人都愣了，允恩和齊甜都覺得家橙說得太過分了，美旭更是聽得目瞪口呆。允恩把家橙的話以比較緩和的方式再對美旭說一次。過了一會兒，美旭才說：「我知道，可是我還需要一段時間平復心情。」

「妳難過，我們姊妹陪妳難過，但是美旭妳聽著，難過之後要給我們好好地活出個樣子來，讓男人圍著妳轉！」家橙又說。

她對美旭戀愛後的樣子早就看不下去了，覺得美旭為感情付出太多，以前那個愛美的萬人迷女孩，隨著時間流逝，竟然成了現在不起眼的路人，每天嘴裡說得最多的就是她男友，似乎生活裡沒有別的了。

第二隻眼看愛情

女人最常犯的錯誤：一是戀愛前一心想做美女，戀愛後一心想做路人；二是無論什麼時候，只要男人出軌，錯都在那個小三身上。

第一個錯誤導致男人出軌，第二個錯誤讓女人始終無法意識到如何維持愛情。女人要明白，無論何時都要做個美麗的女友或人妻，否則，當一個男人眼裡不再有妳時，「她」的出現就是必然。所以，千萬不要自怨自艾，責罵第三者於事無補，應該反求諸己，找出戀愛失敗的原因。

Chapter 3

關於女人們「聽說」的那些事

世界上沒有女人不喜歡聽「情話」，
甚至有很多女人透過情話來判斷男人的內心是否真摯。
誠然，這樣的判斷也意味著漏洞百出，
可是女人依舊願意將錯就錯。
感情世界裡，與其說女人是感覺的動物，
不如說女人是聽覺的動物……

1 女人的軟弱不在心軟，而是耳根子軟

距離上次在ＫＴＶ遇到無良男友和他的新歡已經過了一個月，段美旭也逐漸走出情傷最難過的階段。

這天，美旭和金允恩一起逛超市，說好到美旭家裡吃飯。

突然，美旭的手機顯示了無良男友來電。

允恩要美旭別接，但美旭想到家裡還有一些他的東西，還是接了。美旭的說法是，要他趕緊把那些亂七八糟的東西帶走，自己好開始新生活。

掛掉電話後，美旭說他等一下會來家裡拿東西，允恩問要不要陪著她，美旭搖搖頭，允恩說：「那好吧，妳好好處理，有事的話隨時給我電話。」

美旭點點頭，兩個人離開超市後便分道揚鑣。

回到家，美旭把無良男友的東西打包好放在門口，打算他一來就拎了走人。

半個小時後，無良男友來了，美旭沒有多餘的話，告訴他東西都在這裡，拎走吧。

男友轉身準備離開時，美旭叫住他。

「家門鑰匙還給我。」美旭冷冷地說。

男友愣了一會兒，他可能也沒想到美旭能處理得這麼乾脆，猶豫了一下後，他上前一把抱住美旭，美旭先是一愣，隨後掙脫男友的手。

美旭剛準備說狠話，就像允恩教她的那樣，不料男友掏出了一枚戒指，直接下跪求婚，眼中含淚地解釋自己是一時昏了頭。

一番甜言蜜語和誠摯道歉後，美旭的心開始動搖了。男友見狀更加強攻勢，果然，美旭敗下陣來，糊里糊塗地原諒了男友。

得到了美旭的原諒，男友非常開心，說要好好做頓飯給美旭吃，說完就直奔廚房洗菜做飯。

美旭站在廚房門口，看著男友忙碌的身影，不得不承認，這就是她一直想要得到的幸福，可是……這次是真的嗎？

她問自己，明明心裡有那麼多疑問和介意，為什麼在男友一番甜言蜜語和道歉之後就敗下陣來呢？「算了，姑且這樣吧！」美旭這樣想著，放在客廳茶几上的手機響了，是允恩打來的，她頓時猶豫起來，不知道該怎麼說。

思索了好一會兒，美旭才接聽電話，把事情的來龍去脈告訴允恩。

允恩雖然非常氣憤，但考慮到就算和美旭關係再好，但談戀愛的人畢竟是美旭，自己也不好多說，只丟下一句「那妳自己多注意」便掛了電話。

允恩心裡有點悶，打電話給家橙，跟她說了。家橙天生的火爆脾氣，一聽就火了，非要打電話去罵美旭，被允恩勸下了。最後兩人決定，既然美旭選擇了原諒，就由她去吧，說不定那個無良男友真的悔改了。

時間滴滴答答走著，美旭過得還不錯，無良男友好像真的悔改了，每天準時下班回家，對美旭似乎也比以前好多了，眾姊妹自然也沒有再多說什麼。

一日下午，崔家橙和客戶在一家餐廳吃午飯，無意中遇到了那日在KTV撞見的小三，一開始她還不敢確定，只覺得面熟，倒是客戶先認出那個女人。

客戶見崔家橙一直瞪著眼睛往那邊看，也好奇地望過去，沒想到竟然是自己認識的人，便轉過頭問家橙：「妳也認識她？」

家橙搖搖頭，但意識到了客戶嘴裡有個「也」字，便問：「您認識？」

「哦，不算熟，是家父一位朋友的女兒，家世背景都不錯，不過，就是不知道她為什麼找了一個人品不怎麼樣的男友。」客戶一副八卦的樣子。

「哦，這樣啊……」家橙其實很感興趣，但又不知道該怎麼繼續問下去。

「妳不知道，她找了一個有女朋友的男人，聽說還被人家女友當場撞見了，我也是聽我一個姊妹說的，她當時也在那邊。嘖嘖，真不知道她怎麼想的，現在竟然還要和那個男人結婚！」客戶可能感受到家橙的興趣，直接把重點說了。

家橙聽了客戶的話，確定那個女人就是美旭男友的小三，可是照客戶說的，她和美旭的男友已論及婚嫁，這好像有點矛盾，那男人不是才和美旭和好了嗎？

正當家橙若有所思，那桌又出現了一個熟悉的身影，沒錯，正是美旭的男友，不過他現在的身分好像是人家未婚夫。家橙觀察了一下，這明明就是場招婿宴啊。

家橙拿起手機假裝要接電話，走近那張餐桌，找了張背對的椅子坐下，剛好聽到一桌人的談話，意思大致是：岳父批評了未來女婿曾對感情不專一，要求他要對自己女兒好，還說他們本來不同意這門婚事，但考慮到女兒的感受，才勉強答應。

家橙聽了這話，火氣整個冒上來，但考慮到不能在這鬧，再說自己以什麼身分鬧啊，便按耐著火氣回到座位，和客戶簡單聊了一下便藉故有事離開了。

一出餐廳的門，家橙立刻打電話給允恩，說明前後因果。允恩在電話那頭也是氣得直罵人，兩人發洩完後，開始考慮要不要告訴美旭，這丫頭這會兒又要受一次傷了。

下午，兩人去美旭的公司，把事情原委告訴了她。美旭一開始覺得詫異，但好姊妹不可能騙自己，真正騙自己的是那個滿嘴謊言的男人。看來他乞求自己原諒，不過是權宜之計，現在那女人跟他又和好了，說不定很快就要跟自己攤牌了。

美旭想著想著，眼淚不禁落了下來，不為別的，只為自己，怪自己耳根子太軟，才會一錯再錯。

美旭回到家中，把男友的東西全部收拾好，放在客廳沙發旁，差不多晚上七點左右，男友回來了。一進門，男友沒多說話，脫了衣服就去洗澡，說一會兒有事情要跟美旭說。美旭心知肚明，只安靜地點了點頭。

男友洗澡時，美旭拿起他的手機，憑直覺找到了那組電話號碼。雖然男友已經修改了名稱，但美旭還是很明確地能感覺到，那號碼就是那個女人的。她發了一封簡訊給對方，說這段時間她的未婚夫回來乞求自己原諒，依然和自己在一起，並恭祝他們愛情美滿，不要結婚沒多久就離婚，然後把手機偷偷放回原處。

不久，男友洗好澡，穿著睡衣坐在美旭身旁。美旭本以為他要跟自己攤牌，等了很久都不見男友開口，心中的怒火越發燒得旺，「現在還不老實說，把我當傻子嗎？」美旭心想。

於是，美旭主動開口質問男友，打算何時向大家介紹未婚妻。男友嚇了一跳，立刻明白美旭已經知道了，便裝出一副難過的樣子，對美旭說自己其實有難言之隱。

這一次，美旭沒有理會，把事先放在沙發另一邊的行李直接從陽台丟了下去。

男友一看急了，問美旭要幹麼。

「不幹麼，要你滾蛋！放心，這裡是三樓，你那些破爛東西摔不壞的。現在馬上給我離開這裡，不然我就報警說你非禮我，到時候看你怎麼和你未婚妻結婚！」美旭頭一次這麼惡狠狠地看著男友說。

男友有些措手不及，想先穿好衣服，不料美旭根本不給他時間，掏出手機就要報警，男友只好悻悻然地拿著衣服，穿著睡衣出門。美旭臨關門的時候，對男友說：「我給你的結婚禮物，剛剛已經送給你的未婚妻了，再見！」

第三隻眼看愛情

世界上之所以有那麼多女人為情所傷，與其說是因為女人一談戀愛就變笨，不如說女人天生耳根子軟。簡言之，戀愛中的女人只有聽覺卻沒有辨別能力，所有的選擇和判斷完全靠耳朵的喜好來進行，能不出問題嗎？

人們常說戀愛中的女人容易心軟，可是在我看來，女人並非心軟，而是根本沒用心思考，否則怎會辨別不出哪個男人是真情，哪個男人是假意？

這可能就是男人和女人最大的區別，戀愛前，女人靠大腦生活，一旦有個男人走進她的生活，就停止思考，男人說什麼信什麼，說得話越好聽，她對這個男人的愛也就越深。

而男人呢？剛好相反。戀愛前，他們很少思考，多是去看，看身邊的哪個女人漂亮、身材好，找個目標去追求，一旦確定了目標，男人就開始動腦了，用腦程度不亞於工作，每天都在想如何說些好聽的話，讓女人對自己死心塌地。看來，女人似乎是注定要栽在男人手裡了。

幸好也不全然如此，至少有些女人聽歸聽，也懂得辨別，男人說的話，十句信個兩三句就好，對於那些營造氣氛的情話承諾，只當一句戲言，開心就好，若當成真理來信奉，就真的成了傻子。

2 一萬句「我愛妳」，抵不過一句「我娶妳」

「你愛我嗎？」金允恩坐在沙發上看著陸凡問。

「……為什麼突然這麼問？」

「因為我們在一起這麼久，你從來沒說過愛我，能不能正式說一次『我愛妳』給我聽！」金允恩一本正經地說。

「什麼時候，現在嗎？」陸凡有些局促不安，不知為什麼，「我愛妳」這三字女人總是能輕易說出口，而男人總是躊躇不定。女人因為愛男人所以爽快地說出「我愛妳」，女人也因為男人的遲疑而覺得男人不夠愛自己。

可是男人總認為愛不必說出口，老是掛在嘴邊的愛顯得有些虛情假意。

「什麼時候都行，我等著，看你要讓我等多久！」金允恩似怒非怒地說。

陸凡沒說話，只是悶著點了點頭。

允恩不明白，兩個人在一起，說出愛就那麼難嗎？雖然允恩心裡也清楚，陸凡是那種愛面子的男人，他希望妳每天對他表達愛意，卻總是吝嗇對妳表達自己的感情。

說他想維護大男人的面子呢？還是說他本身就是個笨蛋呢？

允恩這次是認真的，她等著陸凡說，陸凡也知道允恩是認真的，因為那樣認真的表情很少見到。

幾天時間過去了，允恩好幾次有意等著陸凡開口，但陸凡每每迴避。允恩有些失望，女人的感性有時會演變成為執拗。

一天晚上，允恩下班後去陸凡約客戶談案子時常去的咖啡館，陸凡不在，問熟識的店員陸凡今天有沒有來，店員只說他來了一下就走了。打電話也沒接，允恩無奈，只好先回家。

回到家，允恩一開燈，愣住了，桌子上擺著一頓很豐盛的西餐，陸凡坐在桌前，笑著對允恩說：「等妳好久了，快來吃飯吧！」

「哇，親愛的，你真棒！」允恩似乎意識到，陸凡說不定是想藉此機會說出「我愛你」三個字。

「因為妳上次說的，希望我能對妳說句『我愛妳』，但我想告訴妳，我不想說那句話，我想對妳說的是另外三個字——『嫁給我』！」陸凡挨著允恩坐下，深情地凝視允恩的臉說道。

允恩聽到那三個字，一時間還沒反應過來，只是傻傻地看著陸凡。似乎女人都是如此，很容易在某些時刻變得遲鈍，例如在男人求婚的時候。

「願意嫁給我嗎？這些日子我想了很久，我不想只給妳一句『我愛妳』，我想給妳的是一輩子的幸福！」陸凡說。

允恩眼眶濕潤，用力點點頭，緊擁陸凡，心想：「一個不肯說『我愛妳』的男人也不錯，因為他會說『我娶妳』！」

第三隻眼看愛情

幾乎每一個戀愛中的女人都問過男人：「你愛不愛我」？

聽到男人肯定的回答後，女人喜上眉梢，認為男人是真的愛自己；聽到男人支支唔唔，就會心灰意冷，哭訴男人不愛自己。

女人有時候就是這樣，感性得有些接近愚笨。若一句話就可以考驗男人的心，世間又怎會有那麼多肝腸寸斷呢？

說愛妳的男人，有些是真的愛妳，還有一些是騙妳的。真正愛妳的男人在說愛妳時，通常不會深情款款，但妳無可置否，說完愛妳，他們會接著說出自己的條件，好比想和朋友去玩，或想買一套新的攝影器材。

不愛妳的男人說愛妳，往往深情款款，一點也不覺得肉麻，因為他們知道，女人就愛這一味，如此一來，再忠貞的女人也會被他們騙上床。

「我愛妳」不等於真的愛妳，「我娶妳」或許也不能代表他愛你，但至少代表他能嘗試愛妳。

3 多少女人因為一句情話，甘願在愛情裡粉身碎骨

崔家橙和傑森的關係不冷不熱已經很久了，再加上傑森身邊現在平白無故多出一個紅粉知己，多少也讓傑森的情緒有了些許的改變。或許，這種改變連傑森本人都不容易察覺。

這天，崔家橙很早回家，想結束這段冷戰，買了一些傑森喜歡吃的菜，準備做

頓飯，就當給對方一個台階，大家都踏踏實實地走下來，繼續好好生活。至於開工作室什麼的，崔家橙雖然還是堅持己見，但也覺得自己可能操之過急，不如先放下，以後找時間再談。

家裡，崔家橙在廚房忙碌著，沒有打電話給傑森，想著他外拍回來後給他一個驚喜。這段時間彼此都不怎麼說話，家橙忙著工作，也為美旭的事分心，而傑森這段時間也好像突然多了很多工作，經常一大早就出去，很晚才回來。

晚上大約八點鐘左右，傑森回來了，他一進門就看到餐桌上豐盛的晚餐，又見崔家橙在廚房裡忙，心想，家橙這樣一個個性很強的女人願意主動示弱，實在難得，趕忙去洗手幫忙。兩個人就這樣簡簡單單地化解了之前的冷戰。飯後，崔家橙提議一起出去走走，傑森也同意了。

兩個人來在社區內的林蔭小徑，手牽手走著，崔家橙先開口：「那件事我想過了，既然我們意見不一致，那就先放一放吧。」

傑森沒有說話，點點頭。

崔家橙鬆開手，直接勾上傑森的胳膊，又問：「你願意為我或我們，試著改變自己一些觀念嗎？」

傑森沉默了一下回答：「這要看什麼事情。」

崔家橙聽著傑森的回答，心裡有些不高興，但她儘量按捺情緒。兩個人找了一張長椅坐下，突然聽到斜後方長椅上一對情侶的對話。

「親愛的，要不是你在這邊工作，我真想離開，你看，天上連顆星星都看不清，在我們家鄉，一抬頭就有滿天的星星，還記得我們剛認識的時候，半夜不睡覺跑去操場看星星嗎？多美啊，你還傻傻地唱著情歌。」女子抱怨道。

聽著那女子的話，崔家橙不禁也抬起頭看，真的沒有星星。

「對不起哦，這樣吧，我們回老家，我想過了，雖然可能找不到合適的工作，但有妳就夠了，以後我們經常一起去看星星，好不好？」男子溫柔地說。

崔家橙聽得清楚，心裡羨慕，一種說不出什麼感覺的酸楚浮上心頭，怪自己選擇了這麼一個天生不會說情話的男人，能怎麼辦呢？可是仔細回想，傑森以前也對自己說過情話啊，但現在呢？是因為在一起太久了嗎？崔家橙心想。其實，她不需要傑森多麼有成就，有時候只是希望他能對自己多說幾句好聽話，哪怕不是真心的也沒關係，只要自己覺得幸福就可以。這樣想著，崔家橙起身，對傑森說回去吧，兩個人默默地起身返家。

回到家，傑森剛準備洗澡，美可的電話就來了，傑森瞬間有些驚慌。雖然到目前為止他們之間沒有發生任何事情，但傑森接電話時仍舊有些局促不安，這些都被崔家橙看在眼裡。傑森掛掉電話後，家橙便問是誰這麼晚打電話來。

傑森解釋是自己培訓班的一個學生，問作業的事情，家橙一聽更覺得詫異，不是說不做培訓班了嗎？傑森一時語塞，隨即說：「是不想做了，但是想了想，不能因為不喜歡就放棄賺錢的機會。我想要多賺點錢，也希望能夠給妳一個舒適的家。」

崔家橙原本的疑心和氣憤，就在傑森這樣一句情話中全部消弭了。雖然這些話，只不過是傑森為了打消家橙的懷疑而說的，但她聽了這句話，就算在愛情裡跌得粉身碎骨，都覺得是幸福的。

第三隻眼看愛情

有這樣一個故事，有個叫名浪漫的美麗女人，愛上了名叫現實的男人。

一天晚上，浪漫和現實坐在屋簷下看星星。

浪漫看著滿天繁星，滿臉嚮往地對現實說：「親愛的，星星又大又亮，真美啊！」

浪漫以為現實會含情脈脈地對自己說：「星星再美，也沒有妳美……」誰知現實卻說：「那其實只是一塊石頭而已！」

浪漫頓時語塞，沉默良久後又說，「如果我想要，你會摘一顆星星給我嗎？」

浪漫以為現實會毫不猶豫地答應。

可現實沒有，他說：「妳怎麼總說傻話呢？我再怎麼拚命也不可能摘得到。再說，星星很大的，妳要來做什麼？」

浪漫很生氣，「你根本不愛我！」說完便走了。

生活中的女人也大都如此，如浪漫一般，想要從生活在現實中的男人口裡聽到沒完沒了的情話。或許男人同樣不解，說那些空話有什麼用呢？

傻，是的，你可以說女人傻，但這也正是女人的可愛之處，心裡總裝著那麼一點點不切實際的幻想，等待愛她的人說出口。

女人都愛聽情話，這是因為女人天生缺乏安全感，只有透過男人說的情話，她們對感情才會安心。但問題隨即也出現了，情話中的許諾，有多少是可以實現的呢？

這就是女人的傻，總是看不清現實。

4 別把自己當超人

金允恩最近看了一部印度電視劇，劇中女主角的形象讓允恩既愛又恨，愛她的善良，恨她對生活的態度。

週六中午，金允恩看完最後一集，帶著一絲對女主角的同情來到陸凡家中。此時陸凡正坐在電視機前看一檔名為《荒野求生挑戰賽》的節目，見到允恩來了，趕忙熱情地為她倒飲料。

金允恩接過飲料，不大高興地喝了一口，陸凡見狀，問道：「怎麼了，親愛的？誰惹妳了？」

「還不是那個電視劇，結局太氣人了！」金允恩氣憤地說。

「那個印度的電視劇？」陸凡聽允恩提過。

「是的，今天我一早就起來看了，結果那女的最後被送到精神病院！」

「到底演了些什麼讓妳氣成這樣？」陸凡很難想像一部電視劇也能讓女人抓狂。

隨後，允恩濃縮了一下故事，把大概的情節講給陸凡聽。

女主角出生在印度，叫伊娜，五歲時生母死了，爸爸再娶，但後母對伊娜和伊娜的奶奶非常壞，加上爸爸經常外出做生意，伊娜的童年簡直跟灰姑娘的故事一模一樣。後母嫁過來時還帶了和前夫生的兒子，他年紀較伊娜稍長，經常欺負伊娜。

很快伊娜長大了，遇到了心儀的男孩。後來，男孩要搬離伊娜所在的村子，希望伊娜跟他一起走，但是伊娜拒絕了，她說要留下來照顧奶奶。

就這樣，伊娜放棄了第一次可以幸福生活的機會。一年後，伊娜的哥哥結婚了，生了個兒子，伊娜就幫忙照顧哥哥的兒子，後母依然時常欺負她。一次，伊娜的哥哥喝醉了，走進伊娜的房間強姦了她，伊娜不願隱忍，決定把哥哥告上法庭。此時，嫂子和爸爸都向伊娜求情，伊娜看看可憐的侄子，只好打消了這個念頭。但哥哥卻再次強姦了她，還大言不慚地對伊娜說：「反正妳已經是我的了！」不久後，伊娜懷孕了，雖然全家人都知道孩子是誰的，但爸爸還是對伊娜說：「我必須趕快替妳找個人家嫁了，要是讓外人知道太丟臉了！」

伊娜為了顧全父親的面子，就這麼嫁人了，然而，她卻不知道自己到底要嫁給誰。原來，伊娜的後母收了一戶人家的錢，把伊娜嫁給一個比她大二十五歲的男人，婚後伊娜開始了另一段生不如死的生活。

幾個月後，伊娜生下了一個男孩，丈夫為此痛打了伊娜一頓，一週後，整個村子都知道伊娜是未婚懷孕，每個人茶餘飯後都罵伊娜是不要臉的女人。伊娜真的很想一死了之，但看著自己年幼的兒子，還是強忍了下來。

又一年過去了，當年愛慕伊娜的男孩回到村子裡，聽說了有關伊娜的種種傳聞。他找到伊娜，要伊娜跟他走。伊娜再一次拒絕了，她說自己配不上他。

十年過去了，總是虐待伊娜的丈夫在一次車禍中死了，伊娜的生活終趨平靜，不料這時哥哥和後母又找上門，他們告訴伊娜，爸爸生病了，家裡需要錢，還要伊娜把爸爸接過去照顧。

伊娜接回爸爸，悉心照料，這期間，她又遇到了另一個男人，他比伊娜大幾歲，是從其他村子來的。兩個人在最艱難的日子彼此依靠，直到四年後伊娜的爸爸離開人世，男人決定娶伊娜，伊娜也打算嫁給他，希望從此以後能真正為自己而活。

可是伊娜的兒子堅決反對，他告訴伊娜，別人都罵他是雜種，說他媽媽到處勾搭男人。伊娜看著兒子，轉過頭來對男人說：「你看，為了兒子我不能……」第三次獲得幸福的機會，再次從伊娜身邊溜走了。

之後的一段時間，哥哥不斷騷擾伊娜，要求伊娜把從亡夫那裡繼承的房子給自己的兒子結婚用，伊娜不同意。結果幾天後，村子裡傳開了這樣一件事，原來伊娜的兒子是她和哥哥生的，據說當年是伊娜勾引哥哥，後來被她嫂子發現了，伊娜才嫁給那個老男人……

伊娜再也無法承受流言蜚語，精神崩潰，被送進了精神病院。就在伊娜被送進精神病院的第三天，伊娜的哥哥和後母也死在家中，據說是被槍殺的，但沒有人知道兇手是誰……

聽完這個故事，陸凡也覺得心情沉重，他問允恩：「其實伊娜有很多次可以幸福的機會，如果她第一次就跟男孩走了，她的人生或許會因此不同。」

「看的時候我也不斷地問為什麼，其實有很多選擇的，但伊娜為了身邊的人，一次次做了錯誤的選擇，一次次與幸福擦身而過。」允恩感傷地說。

「至少可惡的後母和哥哥死了，也算是人心大快吧！」陸凡舒了一口氣。

這是一部悲情題材的印度電視劇，人們看後無不感到難過，也不禁感嘆伊娜苦難的一生。伊娜有很多次把握幸福的機會，但她統統放棄了，她為每一個人著想，像天使一樣善良，最後卻讓自己活在地獄中。

生活中，很多女人也像伊娜一樣，為了家庭奉獻一生，為了孩子，甘願忍受家庭暴力；為了父母，甘願嫁給毫無感情的男人；為了丈夫，情願放棄前途無限的工作……犧牲自己的一部分來換取別人的快樂，似乎已經成了人們向女人索取愛的方式，而女人也漸漸接受這種愛的勒索，甚至成了習慣。

女人本善良，妳當然要關愛妳的家人，帶給他們幸福與快樂，但無論何時，妳始終都應該記得，妳，只是一個凡人。

5 「矯情」是一種美德

明彩自上次打算惡整金允恩，卻沒料到夏正南竟然偷偷幫了那個女人，反倒讓自己在眾人面前丟了面子，心裡很是不爽，屢次去夏正南的公司找他，都被他的助理以各種理由擋在門外。這次她開車前往夏正南的公司，心裡打定主意，無論如何都要見到夏正南才肯甘休。她不明白，夏正南到底被下了什麼蠱，對金允恩如此一往情深。

明彩來到夏正南辦公室，助理撥內線通知夏正南，告訴他明彩小姐來了。明彩正琢磨著，要是夏正南敢說他沒空，她就衝進去，沒想到助理卻對她說：「明彩小姐，夏總有空，請進去吧。」

明彩「哼」了一聲，一步三扭走進夏正南的辦公室。

「怎麼，夏總今天不用開會談大生意了？」明彩酸溜溜地說。

「我一直都很忙，妳不是來找過我好幾次嗎？我以為妳有事，所以推掉工作見妳，既然妳沒事，那我就去開會了。」夏正南坐在椅子上平淡地說，看不出什麼情緒。

「你……」明彩頓時語塞。

「呵呵，走吧，一起去吃飯！」夏正南笑著說。

「算你有良心！」明彩上前勾著夏正南。

夏正南帶明彩到一家他常去的餐廳，來到預訂好的座位，明彩本來以為夏正南終於想通了，特地為她準備了二人的午餐約會，沒想到位置上竟然坐了一個男的。

沒等明彩開口，夏正南就先開始介紹：「嚴總，讓你久等了。幫兩位介紹一下，這是嚴總，大名鼎鼎的嚴曉明，陸華集團的總經理，這位是明彩。」

明彩心裡雖然有些不高興，但也不好表現出來，只好笑著和嚴曉明握手。嚴曉明笑得很諂媚，吃飯時一直和明彩聊天裝熟，還跟明彩說，其實他們之前已見過一兩面了，只是時間短暫來不及介紹。

午飯結束後，夏正南說自己有事，不能繼續作陪，要嚴曉明幫忙陪陪明彩。明彩一聽急了，難道夏正南和自己吃這頓飯，並不是想和好，而是擺明了要把自己推給這姓嚴的？想到這點她就氣，藉故有事和夏正南說，隨即到停車場找他。

一屁股坐上副駕駛座，明彩質問夏正南是什麼意思，夏正南也不打算隱瞞，直接說嚴曉明對她有好感，想認識她。明彩一聽便火了，問夏正南怎麼能這樣，不料夏正南卻說：「明彩，我是為了妳好，嚴曉明是個大老闆，肯為妳花錢，妳還有什麼不滿意的。我們之間的關係自始至終就不是男女朋友，妳難道不清楚嗎？我們各取所需而已，妳一直糾纏我也沒用。」

明彩一時間不知道說什麼好，沉默了一會兒說：「都是因為那個金允恩，是嗎？她有什麼好？我看你是追不到手的！」

「追不追得上是我的事，再說，真正喜歡不一定就要得到，這樣反而讓我覺得很好。她是個好女孩，我警告妳，不要再沒事找事，上次派對的事我知道是妳弄的，不要再讓我知道有下一次。」

「哼！你不就是喜歡那種裝純情的女人嗎？說到底，還不是想和她上床？」明彩氣急敗壞地說。

「妳根本不懂。」夏正南懶得解釋。

「我真的想和你在一起，我也可以為你改變，這難道還不夠嗎？」明彩承認自己喜歡有錢的男人，但是對夏正南，她這次動了真情。

「對不起，明彩，假如妳覺得我欠了妳，我能做的就是用物質賠償妳，除此之外，我什麼也給不了。我要回公司了，至於嚴曉明，妳自己決定吧。」說完，夏正南打開車門，明彩生氣地下了車，站在車後大喊道：「夏正南，你一定會後悔的！」

女人都愛「犯賤」的男人，說他們痴情，EQ高，人品好，於是便主動靠近。結果發現，愛也給了，床也上了，但這些男人根本沒把自己放在眼裡。到頭來，自己的一片痴情倒成了「N夜情」。

想讓眼裡有沒妳的男人喜歡上妳，需要的不是一味獻殷勤，而是幫他製造對妳獻殷勤的機會。男人都是這樣，毫無刺激的競技比賽，對他們來說沒有任何意義。

對男人而言，女人是獵物，沒有哪個男人甘願承認自己追不到最「快」的獵物，而只能就近選擇。所以，若想讓他對妳「目不轉睛」，千萬先別急著倒貼，試試讓自己做那隻「最快的獵物」吧！

「犯賤」的男人多半有點矯情，想要愛上他，女人也得學會矯情。矯情沒什麼不好，在這個先上床後感情的時代裡，矯情是一種美德。

6 男人不是柳下惠，終究敵不過死纏爛打

崔家橙這兩天過得挺開心，那句情話的力量之強，一直延續到現在，每每想起來，仍覺得心底甜蜜，什麼亂七八糟的事情統統都能拋在腦後。就連助理跟自己說那天好像看到傑森和一個女人在街上，崔家橙都直接替男友辯白：「那是他的學生啦，他現在正為了我們的未來努力工作賺錢。」

週四下午，崔家橙和客戶談完事情後，眼看時間還早，就去商場幫傑森買了兩件襯衫。她剛準備回家，就在電梯處看到一個很像傑森的男人，拉著一個陌生的女孩也來逛街，兩個人有說有笑的，崔家橙當時心頭一緊。她認出那男人身上穿的短袖T恤和她替傑森買的一樣。她沒有出聲，也沒有上前確認那人是不是傑森。

崔家橙害怕了，萬一真的是傑森，眾目睽睽之下自己該作何反應？對那個小三大打出手，還是痛罵傑森人面獸心？她怕自己控制不住情緒，趕忙躲回家裡。一個平常兇悍強勢的女人，此刻變得不知所措，癱坐在沙發上，等著負心的男人回來。

時間一點一滴過去，對崔家橙來說每一分鐘都是煎熬。很久之後，傑森回來了，

崔家橙多希望傑森回來時穿的不是那件衣服，那她就可以說是自己看錯了，但站在她面前的傑森穿的就是那件衣服。這下子崔家橙再也按捺不住，爆發了，大吼著質問傑森，傑森也慌了，把事情原委全部坦白。

事實上到目前為止，傑森也不知道自己和那女孩到底是什麼關係，說彼此是好朋友，卻又好像比好朋友多了些什麼。

崔家橙把眼淚用力憋在眼眶裡，聽起來是那女孩死纏爛打追著傑森，但結果有差別嗎？傑森的話語裡，不也透露出對那女孩有不一樣的感覺嗎？雖然傑森以「只是朋友」當藉口，可是誰信呢？就算信了又怎麼樣？

崔家橙心裡亂得很，她知道決定權就在自己手中，要麼原諒，要麼放棄。三年多的感情，這是崔家橙想要在一起一輩子的男人啊，怎麼就……怎麼就在要訂婚前出了這樣的事？崔家橙不知道該怎麼做，她不甘心就那麼輸給第三者，可她也不願意極力挽回，因為她害怕最後挽回的，依舊是一段有裂痕的感情。

談戀愛最大的忌諱就是第三者，面對情敵，鮮有女人不氣結的，如果此時情敵再擺出一副不顧一切也要橫刀奪愛的姿態，無疑會讓女人發瘋！

很多女人面對這樣的狀況時，都把情敵恨得咬牙切齒，把戀人罵得狗血淋頭，責怪戀人是禁不住誘惑的男人，對自己的愛不夠深，不然任情敵是仙女下凡也誘惑不了，就像坐懷不亂的柳下惠。

可事實上，有誰見過真正的柳下惠呢？正常的男人不是柳下惠，如果他的反應像柳下惠，只有兩個原因，誘惑他的女人魅力不夠強大，或是手段不夠高明。

任何男人都逃不過魅力女人的誘惑，更逃不過女人死纏爛打的攻勢，這是任何一段感情都通用的規則。

感情中出現了第三者，她不一定比妳優秀，也不見得是妳魅力不如她，事實上，多半是因為她比妳更會死纏爛打。可是很奇怪地，妳的死纏爛打反而讓男人離妳更遠，而對方卻能讓男人臣服，這是讓男人最沒輒的。

不可否認，某種程度而言，男人會把能過做到這種程度的女人當成有魅力的女人，甚至會洋洋得意，心中竊喜世上竟有女人為了自己這般痴心。人內心的虛榮從未改變過，無論男女，此時的男人便中了「虛榮」的招。愛情有多深，誰也不知道，但男人終究不是柳下惠。女人永遠要做好失去的準備，不必為了嘔氣而鑽牛角尖，也不必為失了面子而傷心不已。

若干年後，再次回首往事，妳會發現無論是曾經的死纏爛打還是淚流滿面，都不過是人生旅途中微不足道的回憶。

7 取悅男人前，先學習取悅自己

最近一段時間，齊甜身邊朋友的感情都不太順利，先是段美旭分手，隨後是崔家橙和傑森兩人出現了感情危機，雖然現在兩人還沒有正式分開，但家橙已經搬到公司住了，而且言談間也表示已經決定分手；而金允恩呢？雖然和陸凡感情穩定，但最近總是被夏正南糾纏，經常在公司門口等她下班，讓允恩煩得很。

姊妹們都忙著處理自己的感情問題，只剩下齊甜一個單身女子無處消遣，幸好她最近工作也忙，很多時候只能睡在公司，不然以齊甜坐不住的性格，早就悶死了。

這週齊甜只回家住了兩天，其餘時間都窩在攝影工作室忙著拍片子，自從上次獨立完成專案後，攝影經理把許多工作都交給齊甜執行。

這天，齊甜拍攝完最後一組片子已是下午四點多了，從上午十點到現在，她連一口水都沒喝，現在肚子已經餓扁了，於是邀助理小蒙和同事們一起去吃飯。

飯桌上齊甜和其他同事們都吃得津津有味，唯獨小蒙只點了一份蔬菜沙拉。齊甜看了看小蒙問：「妳不餓啊，就吃這麼一點？」

小蒙搖搖頭：「我最近在減肥！」

齊甜沒再多說什麼，自顧自地繼續吃，吃完後回到工作室繼續上工，一直到晚上九點多，大家都累壞了，相約一起去吃夜宵，小蒙說男友要來接她，推辭掉了。

臨搭電梯的時候，齊甜突然想起忘了拿鑰匙，又折返回去，負責造型的同事陪著她一起，正好看到小蒙在更衣室裡換衣服、戴假髮。

齊甜覺得詫異，小聲問：「小蒙這是在幹麼？」

「她啊，老是這樣，每次只要男友來接她下班，都得換衣服、戴假髮，她說男友喜歡長髮的女孩，而且喜歡那種特別瘦的，所以她天天都在減肥，根本就是二十四孝的女友版！」

齊甜拿了鑰匙，見小蒙也快換裝好了，怕撞見尷尬，悄悄先一步離開了。

之後的兩天，工作依舊緊鑼密鼓進行，大家都比較疲勞。

那天下午拍攝到一半，突然有人大喊小蒙昏倒了。齊甜跑過去，看小蒙倒在地上，怎麼叫也不醒，趕忙把她送到醫院。

醫生檢查完，對齊甜說：「她是妳朋友吧，告訴她，不能再節食了，營養不良的狀況很嚴重。」

這時小蒙醒了，齊甜對她說：「妳別減肥了，都餓暈了，醫生說妳再這樣下去很可能會得厭食症，現在已經嚴重營養不良了。」

「可是我還差四公斤就達到他心目中女友的理想身材了。」小蒙虛弱地說。

「妳到底在想什麼啊？他要是真愛妳，妳再胖他也愛。聽我的話，好好吃飯。」說完，齊甜留下一個同事照顧小蒙，便和其他同事回公司了。

第二隻眼看愛情

相貌優越的女人或相貌平凡的女人；聰慧過人的女人或缺乏智慧的女人；能力卓越的女人或平凡無奇的女人；出身名門的富家女或身世一般的小資女……幾乎世界上大部分的女人，只要是異性戀，都在為一個問題發愁，那就是——如何取悅男人？

但所有的問題都有前因後果，當一個女人開始為如何討男人歡心而發愁時，多半已經說明她不怎麼討男人喜歡，或者說有某一類男人不喜歡她，而她剛好很在意那一類男人。

取悅男人，從古至今都是女人們私下最喜歡聊的話題。當然，解答這個問題並不容易，因為女人常常會為了取悅對方而犧牲自我。

短髮的女人偏偏找了一個獨鍾長髮的男人，該怎麼辦？為了讓男人高興，那就留長，女人嘛，本來就該長髮飄逸……

有點嬰兒肥的可愛女人遇上了一個鍾情骨感美的男人，如何是好？為了愛，豁出去了，每天只吃一餐，見到男友大魚大肉，她只能在一邊乾吞口水，誰教男友喜歡骨感美呢？看著減肥的效果越來越好，男人越來越鍾情於自己，可愛的女人一邊沾沾自喜，一邊餓得饑腸轆轆……

真是一群愛得傻氣的女人，怪不得人們常說，戀愛中的女人都是傻子。可有時也不禁勾起人們的好奇心，究竟是什麼樣的男人，值得她們做如此大的犧牲呢？

取悅男人和讓男人喜歡妳，有時是兩條路，但有些女人當成了同一條路來走。取悅男人的方法有很多，但大部分女人只會一招，那就是盡可能地犧牲自我，換取男人的憐愛。

誠然，犧牲有時能夠換來一份美好的愛情，男人見妳為他做了那麼多，便更加疼愛妳。不過這種機率並不高，大部分女人都沒能「押」中自己的感情，做得再多，最終只換來男人的無視。

當女人反駁為什麼自己做了那麼多，對方卻沒有任何反應時，人家還會這樣回妳：「妳又不是傻子，叫妳做什麼就做，自己不會想嗎？」真是豬八戒照鏡子，裡外不是人！

女人與其花心思取悅男人，為悅己者「容」，不如先悅自己的「容」。事實也證明，一個懂得取悅自己的女人，男人自然會主動來取悅妳。

8 揭穿男人提分手的爛藉口

遇到上次的事情之後，崔家橙一下子消瘦了很多，現在她正坐在辦公室對著電腦發呆。

手機突然響了，是傑森。

家橙猶豫了一會兒，接起電話，傑森約崔家橙一起吃飯，他說要談一談，不能一直這樣。家橙問傑森不這樣想怎麼樣，傑森說他其實一直都想和家橙好好過日子，出了這樣的事，覺得自己真的不夠好，還跟家橙說，他們在一起的這幾年裡，他什麼都沒能給家橙，其實她可以找到更好的。

家橙聽完傑森的話，說了句「哦」，確定時間地點後便掛了電話。

從椅子上站起來，家橙抱著雙臂站在辦公室落地窗前，呆呆地看著窗外，「我可以找到更好的？」家橙心裡想著傑森這句話，「這就是你想分手的藉口嗎？還是期待我會突然說：不是這樣的，你很好，給了我很多？」

家橙從不是會示弱的女人，雖然她心裡有數，這可能正是他們感情出現裂痕的原因之一，但她的脾氣傑森早就清楚的，不是說能夠包容並且不在乎嗎？既然如此，就不能朝三暮四。

在約定的餐廳內，傑森和家橙面對面坐著，兩個人都沉默。家橙一直等傑森開口，而傑森似乎一直有話憋在嘴裡。

幾分鐘過去了。

「說吧，是你說要出來談談的，我對這樣面對面坐著卻無話可說感到很厭煩。」

崔家橙淡淡地說。

「家橙，我們……對不起，我……」傑森斷斷續續地說。

「行了，別說了，我祝福你們。借你吉言，我會找到更好的，你也不必說我們在一起時你什麼都沒法給我，至少我們也有過一段快樂的時光。」說完，家橙起身要走。

傑森拉住家橙說：「對不起，家橙，我也曾想過我們能走一輩子的。」

家橙看著傑森，突然很想笑又想哭，淡淡地說：「夠了！我們都會好好的。」

說完，掙開傑森的手，頭也不回地走了。

第三隻眼看愛情

男人有時候會突然很深沉地對身邊的女人說：「妳其實值得一個更好的男人，我卻什麼都沒法給妳。」

有些女人會心疼男人，覺得他壓力太大；而有些女人則會做好心理準備，因為事實上，男人會說這樣的話，很可能預示著他即將和妳分手了。

但生活中能夠及時察覺男人此一心理的女人太少了，相反地，她們大多把男人這種心理當成他心地善良，是一種愛自己的表現。殊不知，正如自己提分手時常以藉口推託一樣，男人也會如此，而當他對一個女人說：「妳應該找個更好的男人」時，心裡想的其實是：「我也可以找一個更好的女人！」

妳也許會問，既然提分手，為何不明明白白地說清楚？之所以拐彎抹角，不過是想將傷害降至最低，不想傷了妳的自尊心。俗話說，好聚好散，說自己不夠好而導致分手，是給妳留顏面，以彌補自己的愧疚之心。

當男人這樣暗示妳時，除了收下他的好意之外，就不要再做過多無謂的糾纏了。與其最後撕破臉分得難堪，不如留給彼此一份美好的回憶吧！

9 親眼所見都不一定為真，何況是耳朵聽到的？

崔家橙單身了，段美旭也單身了。

金允恩和齊甜商量大家聚一聚，讓家橙和美旭吐吐苦水，尤其是剛分手的家橙。這天，四個女人聚在允恩家裡，喝了幾杯後，聊起這些年一起走過的風風雨雨。聊到那些曾經的回憶，家橙忍不住哭了起來，這是她離開傑森後第一次失聲大哭。她還記得傑森剛追求自己時，說他愛家橙，即便他什麼都沒有，但因為愛，無論什麼時候他都會在家橙身邊對她好。

「現在呢？現在那個王八蛋在哪裡？說的那些話還記得嗎？」家橙有些歇斯底里，她喝了口酒，繼續說：「允恩，妳知道的，那時我行情可好了，追我的人很多對吧，傑森只是其中之一，妳還問我為什麼選擇他，在追求者中最不突出的一個，我跟妳說，因為他說的話我最喜歡聽。為了他，我放棄了去法國的機會，為了他，我拚命工作，就是希望我們能夠有一個好的未來。我和父母解釋，說就算他什麼都沒有我也愛他，因為他是真心愛我的。為什麼我不能早點看清楚，如果我能早點知道，他說的話不過是一時興起，如果我能早點知道，就可以瀟灑地抽身離開，可現在呢？我愛上他了，又被狠狠地拋下了！」家橙哽咽說著。

允恩在一旁輕拍她的背，什麼話也說不出，眼淚跟著流下來，心裡難受得很。

另一邊，美旭也哭得慘兮兮。

齊甜跟著難受，她說：「其實我覺得妳們還好，畢竟傑森是真的愛過妳，對妳好過，只是你們可能真的不合適。早分開也好，比結了婚之後才發現彼此不合適再離婚好得多。我表姊，我從來沒和妳們說過，她才是真的慘，大二的時候被一個男人拐得失了魂，差點被賣掉，回家後精神狀況一直不穩定。」

「天啊，這種男人就應該下地獄！」允恩聽著，不禁說道。

「是啊，因為那件事，我對男人始終沒好感，所以一直單身到現在，都快變資深剩女了！」聽到齊甜的話，大家都被逗笑了。

「好了，不要難過了，以後一定會遇到更好的人，真正的好男人不會把空頭支票的承諾掛在嘴邊，我始終這麼相信，所以一直在等待，我要找一個耳聽和眼見都實實在在的男人。」齊甜鄭重地說。

女人不僅喜歡聽情話，還相信誓言，男人說「我可以為妳付出一切」，於是，女人先付出了一切，而後，愛情結束了。

由此，女人得出一個結論，那個當初信誓旦旦的男人欺騙了自己的感情。

女人聲討男人，男人也覺得委屈，不過是幾句話，戀愛的時候誰都會說，錯就錯在女人太相信男人說的每一句話。

男人的承諾和女人的誓言本身就是不同的。

妳可以說男人的言語和行為背道而馳，能怪誰呢？只能怪妳沒搞清楚。

男人跟女人談愛，想的多半是何如儘快把這個女人弄到手，用的是手段；女人跟男人談愛，用的是心，目的是與這個男人相愛一生。

男人隨口說說的話，女人不必「不顧一切」地當真，至少也要先弄清楚，男人是真心愛妳，還是耍手段想得到妳。前者即便他說的真話不多，但也不會讓妳受太多苦；後者滿口的虛情假意，女人最好一笑置之。

Chapter 4

再美好的「浪漫」也要「現實」來買單

這個世界上總有一些女人做著「灰姑娘」的美夢，
並且因夢境的完美而無法接受現實的殘缺。
可是，哪裡有那麼多的白馬王子呢？
女人，別傻了，不要為了一時的浪漫，毀了現實的幸福。
很多時候，男人心更似海底針！

1「灰姑娘」的故事終究只是童話

崔家橙最近忙得焦頭爛額，算是徹底走出失戀陰影了，除了公司的業務外，還因公司一個職員出了點問題，竟然驚動了警察來公司瞭解情況。

這件事得從兩個月前說起。公司新來了一個女職員，大家都叫她 Isis，是大學剛畢業的新鮮人。崔家橙與 Isis 初次見面是在電梯裡，當時已經下班了，Isis 的一個同學來找她，兩個人在電梯裡聊天。Isis 的同學告訴她，大學班上最不起眼的那個女同學要結婚了，據說找了一個官二代，現在過著少奶奶般的生活。Isis 一副不敢置信的表情，兩人你一言我一語，不外乎感嘆自己生活不如意，竟然不如那個醜八怪命好遇到官二代，實現了灰姑娘變公主的願望。

崔家橙一邊滑手機，一邊聽著兩個女孩的談話，覺得好笑又好氣，心想：「現在的女孩都怎麼了？非要把過好生活的願望寄託在男人身上……」側目看看這個叫 Isis 的女孩，不能說容貌驚人，但也算長得挺秀氣的，再看看 Isis 掛在胸前的名牌，寫著廣告企劃助理，心想公司裡這個職位的薪水也還不錯，為什麼總想著依靠男人才能過好生活呢？想到這裡，不覺得有些惋惜。

後來，崔家橙沒有再遇到這個女孩，也就淡忘了。直到上週警察來公司瞭解情況，說 Isis 被人告發強佔別人的車子和房子。

經過瞭解，原來 Isis 在同學的介紹下認識一個有錢的男人，但是那個男的已經結婚了，有一個未滿四歲的兒子。男人承諾會和老婆離婚，告訴 Isis 他愛的是她，還承諾了很多事，諸如我們都知道的那樣——「我會娶妳」、「我會投資讓妳開個公司，不用再去上班受氣」諸如此類的。為了讓 Isis 死心塌地跟自己在一起，那個男人也算大方，挪出一間房子給 Isis 住，其實也是為了方便和 Isis 約會，還把自己公司的一部車交給她開。就在 Isis 以為自己的灰姑娘夢要實現時，東窗事發了。

那個男人會不會直接和老婆攤牌離婚呢？當然不會，他在老婆面前不斷解釋，結果他老婆說要她原諒只有一個方法，就是馬上把給 Isis 的車子和房子要回來。雖然那個男人覺得這樣不太好，但他不想離婚，只好照辦了。

Isis 這時也明白自己被耍了，可是男人答應過她，房子和車子都是給她的，怎麼能要回去呢？那男人的老婆二話不說就把 Isis 一狀告上法院去，這下 Isis 傻眼了，因為男人說的話沒有第二人聽到，根本無法舉證。

最後，Isis 只好把房子和車子還給了那個混蛋男人。

總有一些女人沉浸在灰姑娘的幻想中，夢想自己有朝一日遇到白馬王子，搖身一變實現麻雀變鳳凰的願望。

這原本無可厚非，每個正常的女人心裡多多少少也都有過這類幻想吧？不同的是，有些女人只把這樣的想法當成一個美麗的故事，想一想便作罷，明天該上班就上班，該努力就努力；可有些女人呢，太渴望童話變成現實，每天沉浸在幻想中，恨不得把每個從她身邊經過的男人都抓來質問「你是不是王子」。

一旦找到一個看上去有點像王子的男人，便一心等著自己搖身變成萬眾矚目的公主。殊不知公主沒當成，倒不經意被居心不良的男人利用，最後賠了夫人又折兵。

童話引導那些愛做夢的女人繼續她們不切實際的幻想。王子也許是有的，但灰姑娘卻不可能變成公主。沉迷夢中的人不會聞到現實裡的血腥味，但現實卻會把她狠狠摔在血泊裡。現實是殘酷的、世俗的、勢利的，王子不會注意到茫茫人海中的平凡女人，因為他身邊早已聚集了眾多名媛淑女。

想想看，在集美貌、學歷和良好家世於一身的眾公主之中，王子連眼睛都不抬一下，唯獨看到家貧如洗、毫無背景、沒有漂亮學歷的灰姑娘時卻眼睛一亮？這樣的故事情節只會出現在電視劇裡。即使王子真的看上了妳，妳也未必能成為他的新娘，因為門當戶對的觀念始終是最難突破的障礙。

在現實生活中，不會有華麗的舞池和玻璃鞋，更不會有拯救灰姑娘的王子。但好笑的是，整個社會都有意無意地幫女人編織著注定破碎的夢。網路上、書上經常可見教女人們如何嫁入豪門、如何麻雀變鳳凰，攀上枝頭當少奶奶。但是，寫這些內容的作者和編輯們都不是嫁入豪門的人，否則也不會這麼辛苦地靠賣文字維生了。

一個女人如果僅有做夢的能力，那麼她在現實中必然毫無所長。人人都知道天上不會掉餡餅，但有的女人卻幻想著天上能掉下王子來。更何況，王子和灰姑娘原本就是兩個世界的人，嫁給王子就一定會幸福嗎？王子真的就完美無缺嗎？

2 女人的直覺準不準？

金允恩這兩天意外地接到大學同學艾蘭的電話。雖說學生時代艾蘭和她的交情算滿好的，但艾蘭一畢業就和男友去了國外，沒多久就移民了，因此她們除了過年會發個問候簡訊外，再也沒有其他的聯絡。

這次艾蘭打電話說自己打算回國散散心，問允恩有沒有時間陪自己待兩天。允恩想了想，最近公司也沒什麼大事，就答應了。

見到艾蘭的時候，允恩嚇了一跳，幾個月前看艾蘭在社群網站上發的照片，當時她是是那麼漂亮，怎麼現在如此消瘦憔悴？到飯店後，艾蘭告訴允恩，她正準備離婚，和老公鬧了好幾個月，這段時間自己心情也不好，再待在那邊會瘋掉，所以回國來散散心。

允恩覺得難以置信，他們不是模範夫妻嗎？趕忙問艾蘭原因，艾蘭說老公有了外遇，允恩一聽就火了，最恨男人不負責任，立刻說這樣離婚也好。

之後的兩天，允恩陪艾蘭待在飯店，和艾蘭聊起那邊的生活，她漸漸發現，艾蘭好像並沒有找到丈夫出軌的確切證據，總說她感覺、她覺得、她想……似乎整件事都是她想像出來的。允恩覺得說不定中間有什麼誤會，也許事情並不像艾蘭以為的那麼嚴重或者不能挽回。於是問艾蘭是不是有什麼證據，沒想到艾蘭竟然回了兩個字——

「直覺！」

允恩半天沒說話。

接著，艾蘭就開始和允恩講述這幾個月發生的事。

他們夫妻感情一直很好，可自從她老公升職後就變得不一樣了。艾蘭明顯感覺老公回來得越來越晚，而且經常在廚房裡接電話，這讓她覺得非常可疑。一次，艾蘭去公司找老公，竟然發現老公在公司走廊和一個女人邊說話邊拉拉扯扯的，艾蘭問老公那是誰，沒想到老公竟然支吾半天，才說是同事。後來老公又三天兩頭夜不歸宿，回來問他也不說，艾蘭就火了，斷定老公一定有外遇。

她每天都以直覺當嗅覺，嗅她老公身邊的資訊，然後匯總起來質問老公，起初老公一直解釋，哄艾蘭，後來忍無可忍，丟了一句，「對！有外遇妳滿意了吧，想離婚就離啊，妳不是天天拿離婚和女兒威脅我嗎？那就離婚吧！」

允恩聽得仔細，越發覺得中間有問題，於是瞞著艾蘭給她老公打了電話。打電話的時候，艾蘭的老公正著急四處找人，原來艾蘭一聲不吭就回國了，嚇得她老公還以為她想不開呢！允恩問，既然關心她，為什麼還出軌？沒想到艾蘭的老公大呼冤枉，說自己根本沒有，艾蘭懷疑的那個女人其實是自己親叔叔的女兒，也就是堂妹。沒告訴艾蘭實話，是因為他們結婚之初，叔叔和艾蘭有過爭執。

艾蘭的老公說叔叔為人有點問題，騙了他們一大筆錢，為此，艾蘭要告他的叔叔，但他覺得畢竟是一家人，不想追究。艾蘭要他以後別再和這個叔叔來往。後來，他叔叔把女兒送到國外來，女兒交了男朋友，結果懷孕了，只好來找堂哥幫忙。艾蘭的老公當時聽了很生氣，就在走廊裡和叔叔的女兒吵了起來，但畢竟是親戚，還是得幫，那幾天都在醫院裡陪叔叔的女兒，因為手術不太順利，差點出大事。本打算找個時間跟艾蘭說，可她總說自己外遇了，還打電話回國跟娘家人說，動不動就威脅離婚，讓艾蘭的老公終於受不了，才導致了今日的狀況。

允恩瞭解事情的經過後，把原委告訴了艾蘭，艾蘭這才恍然大悟，自己差點被所謂的「女人直覺」害得離婚，便趕忙飛回去，找老公好好談談。

女人都喜歡憑直覺思考問題。

直覺認為那個男人不錯；直覺認為男人另結新歡；直覺認為男人最終還是會回到自己身邊……女人總是有太多的直覺和自以為。她們不相信男人的實話、真話，也無法辨別男人的謊話、假話，只相信自己的直覺。

但是，直覺真的可靠嗎？

女人常說直覺很靈驗，有時候，部分男人也這麼說，因為他們的老婆總能憑藉直覺抓到他們偷腥。

女人這種近乎第六感的直覺真的能夠「無所不知」、提前感應嗎？

當然不能。女人的直覺，說白了，其實就是一種心理暗示，感覺另一半最近行蹤可疑，便暗示自己「他很可能在外另結新歡了」，之後的日子，妳便朝著那個方向走，發現男人身上的疑點越來越多，在收集足夠的「證據」後，妳對男人說：「直覺告訴我，你有事瞞著我」，男人說沒有，那麼，妳的直覺不準；說有，妳的直覺準了，可是愛情就沒了。

面對這種情況，幾乎超過半數的女人都拒絕相信直覺不準，一口咬定男人外遇。並非女人不害怕分手，而是有些時候，暗示的作用太強了，她們太相信自己的直覺，男人再多的解釋，此時在女人眼裡都不過是辯解。

男人或許什麼也沒做，但妳的直覺不相信他，懷疑、猜忌，甚至咄咄相逼，最後男人也生氣了，與其什麼都沒做卻被妳誤解，不如將錯就錯吧！

3 當別人的王妃，不如做自己的公主

金允恩最近放下手上所有的工作，專心籌辦一個知名企業老闆兒子的婚禮。因為和這家公司有過合作，老闆非常賞識允恩的能力，專門找她來做兒子婚禮的企劃。允恩本想拒絕的，但允恩的老闆一直在旁敲邊鼓，說如果允恩能幫忙，可以促進兩間公司持續合作。

在獎金的誘惑下，允恩還是接了這項工作，果然充滿挑戰，男方想要這樣，女方想要那樣，一時間眾口難調。男方的主要意見是：婚禮要莊重傳統，畢竟是大戶人家

的婚禮，體面很重要，二是排場，三是要覺得舒服。而女方呢？其實就是準新娘的意見，她偏好清新浪漫的西式婚禮，想要在教堂舉辦，酒席改為自助式餐點之類的。

就這樣，雙方僵持不下。準新娘希望未婚夫能贊成自己的提議，沒想到未婚夫也站在家族那邊，認為婚禮就得辦成他爸爸說的那樣。最後女方還是妥協了，因為男方那邊丟出一句話，意思是若不同意就先不結婚，擺明著說他們家兒子不急著娶，倒是你家女兒急著想嫁。雖然女方的爸爸聽到後氣得大怒：「他們家就仗著自己有錢，不看重我的女兒！」可就算如此，那位準新娘還是以妥協告終，一來是不能因此枉費和男友辛苦建立的感情；二呢？很明顯，這也是她飛上枝頭變鳳凰的大好機會。

關於這一點，允恩在陪這位準新娘買東西的時候就有所察覺，她已經完全習慣並且愛上了出手闊綽的感覺，一擲千金讓允恩咂舌，好幾次允恩都想勸她，「其實這個不值這價錢啦！」但轉念一想，有錢人家的準兒媳婦，最不缺的就是錢，這也是讓她連自己夢想中的婚禮都能妥協的原因之一吧。

婚禮企劃最終定下來了，完全根據男方的要求辦理，可是在擬定賓客名單時，雙方又有了衝突。男方覺得自己邀請的都是些大老闆和政要，而女方邀請的不過是些親戚街坊，男方認為，女方的賓客除了必須出席的直系親屬外，其他的人以後再請，這一次就不要來了。女方的爸爸一聽又紅了臉，這不是擺明了欺負人嗎？但男方的家人堅持不肯妥協，準新郎也一副自己無能為力的態度，這位準新娘滿腹委屈，但最後還是妥協了。結果，她的婚禮除了爸媽和直系親屬外，其他人根本都無法出席。

現實中，有些女人一輩子都想成為別人的王妃，過著高高在上的日子，而有些女人卻偏偏嚮往做自己世界中的公主。前者是麻雀變鳳凰的捷徑，可是天下沒有免費的午餐，變成鳳凰的妳從此就要受制於人，因為妳的一切都是人家給的，就得處處聽人擺布。不要以為那個男人愛妳，他的家人也喜歡妳，那是因為還沒遇到真正現實的問題。難道妳未見嫁入豪門的苦嗎？否則又何來那句「一入豪門深似海」呢？

所以，生活中別總想做王妃夢，那意味著妳必須放棄、妥協很多，王妃不好當。不如試著做自己世界的公主，過自己想過的生活，不必受制於任何人。

4 別為了一枝玫瑰就讓他上妳的床

齊甜是一個沒什麼戀愛經驗的女孩，從父母允許談戀愛開始，她僅交往過一個男友，最後還是因為男方出國才結束這段感情。可能是齊甜個性比較男孩子氣，不喜歡打扮，為人又很隨性，不屬於男人心目中的理想類型，姊妹們都為此擔憂過。

但齊甜最近好像走了桃花運，有個藝廊老闆似乎對齊甜格外關注，因為最近一、兩週齊甜的拍攝工作經常需要借用他的場地，一回生，二回熟，兩人接觸的次數也就多了起來。

藝廊老闆叫張克，算是富二代，不同的是身上帶點些藝術氣息，從國外留學回來就開了這家藝廊。藝廊的一樓是咖啡館，二樓展出一些畫家的作品，偶爾開個畫展，他賺取抽成或場租。這家藝廊的地下室，被張克設計成一個擬真的野外森林，出租用於拍片或拍攝婚紗照，也能賺不少錢。這樣看來，這位富二代花了父母提供的第一桶金，後續的經營都是自己努力的結果，齊甜對他算是有些刮目相看。

偶爾拍完片，張克會邀請齊甜一起在一樓喝咖啡，或者逛逛二樓的畫展。齊甜身邊的同事都感覺得出來，張克對她有意思，不時都跟齊甜開玩笑，要她別挑了，找到男人就嫁了吧。而齊甜似乎對張克也有了好感，不過畢竟才認識不久，還是先觀察一陣子再說吧。

這天，齊甜結束了整個系列畫冊的拍攝，張克藉此機會請齊甜吃飯，當作正式的約會，齊甜沒有拒絕。

那天晚上，張克買了一束玫瑰給齊甜，兩人吃飯時喝了些紅酒。齊甜說自己不勝酒力，張克卻總以各種理由給齊甜斟酒，漸漸地，齊甜有些頭暈，但她意識還是清醒的，當張克還要繼續倒酒時，她堅決拒絕了。

飯後，張克提議二人沿路散散步，齊甜正好想散散酒氣，同意了。

路上，兩個人聊得正投機時，迎面走來一個女孩，看起來年紀很輕，突然拉住張克的胳膊，斜眼看了看齊甜，說：「張克，你可不可以不要離開我，我是真的喜歡你，為了你我和家人都鬧翻了，你不能和我分手！」

張克一時有些慌亂，望向齊甜，齊甜聳了下肩膀示意無所謂後，就往旁邊走了兩步，意思是「你們先說」。

女孩見齊甜走開了些，便繼續以央求的口吻告訴張克自己不想分手，在一旁的齊甜也聽得見他們的談話，想走遠些，又覺得不合適，只好尷尬地僵在原地。

張克被女孩說得有些不耐煩了，便嚴肅地說他們根本就沒開始，談什麼分手不分手的，女孩著急了，故不得什麼顏面、禮貌，大聲地說：「我們連床都上了，你還說我們沒在一起？」

張克被女孩的話嚇了一跳，趕忙示意女孩閉嘴，又解釋道，上了床不一定等於在一起，張克還強調，就算上床了，那也是妳要求的啊。

女孩一時語塞，眼淚瞬間就落了下來，哽咽地說：「我只是喜歡你，這樣有錯嗎？你既然不喜歡，幹麼要跟我一起？前天你還送我玫瑰花呢！」

「對不起，那天正好我一個客戶祝賀我畫展舉辦成功，送了我一束花，妳來了看到說漂亮，我就送妳了，沒有別的含意，真的對不起。」張克表現得很絕情，不時往齊甜那邊看看，女孩也注意到了，問道：「你喜歡她，對嗎？」

張克點了點頭。幾分鐘後，張克叫了輛計程車，要女孩先回家，有事明天再說。

女孩上車後，張克正準備向齊甜解釋，齊甜笑了一下說：「不用解釋，我都懂，你只是逢場作戲，是那女孩誤會了，對吧？」

張克驚訝地看著齊甜，心想，難道她不生氣？

「我生平最痛恨你這種男人，把女人當成什麼了！哦，對了，這束花還給你吧，因為我並不打算和你上床！」

說完，齊甜把手裡的玫瑰花丟給張克，轉身走了。

第三隻眼看愛情

為了愛情，女人可以付出所有，為了得到喜歡的男人，女人自然也可以毫不猶豫地以身相許。面對一個多情的男人，女人以為先奉獻自己，就能換回對方些許的回應。結果，清晨的枕邊除了男人尚存的體溫之外，什麼也沒留下。

女人傷心欲絕，去尋找男人，換來的不過還是另一個難過的清晨。

女人不明白自己錯在哪裡，為了留住一個男人，自己付出了一切，但在男人眼裡卻始終可有可無。只是女人自己不知道，用身體當做被愛的代價，本身就是一件很悲哀的事情。

對一個不愛妳的男人來說，妳的付出不過是一個纏綿的夜晚，妳的糾纏不過是滿足了他的慾望。對於男人來說，越容易得到的意味著越不重要。任何一段感情中，男人對女人的第一念頭都是慾望使然。

慾望會促使男人付出，而女人的若即若離更是吸引男人的致命武器，越是無法得到，男人就越心癢難耐；越想得到，而越發重視那個女人。反之，若妳中意的男人稍加暗示，妳就脫掉衣服上了他的床，這行為本身就是一種極大的冒險。

男人只有對一個女人「意猶未盡」才會一直把她放在心上！

5 女人上衣的第三顆鈕釦——浪漫與現實的交界

陸甜是陸凡叔叔的女兒，剛來台北沒多久，現在在一家廣告公司做平面設計助理。這小丫頭比陸凡小六歲，今年二十二，平常最大的嗜好就泡夜店。可能年紀還小喜歡玩，她家人叮囑陸凡在台北多多照顧她。陸凡平時忙不過來，除了打電話問她最近在幹麼之外，也不知道怎麼照顧，頂多偶爾約出來一起吃個飯。

陸甜性格外向，和金允恩頗合得來，閒暇時常找允恩一起逛街。畢竟她來台北沒多久，沒什麼朋友，允恩也從不拒絕，一來喜歡這小女生，二來以後也是一家人。

不過最近這段時間，陸甜很少主動聯繫自己，允恩覺得納悶，便問陸凡，怎麼陸甜最近像消失了一樣，沒消沒息的。陸凡笑了笑說，陸甜戀愛了，自然是陪男友，沒時間出來了。說完還不忘挖苦一下允恩，說現在的男女朋友有哪一對不住在一起，就只有妳，非要分開住。允恩一副「我就是這樣，有意見啊！」的態度，陸凡也沒辦法，識趣地不再說了。

允恩問陸凡：「她交往的對象是做什麼的啊，已經住在一起了？」

陸凡說他也不知道，允恩撇撇嘴，取笑陸凡這個哥哥怎麼當的，虧人家父母還把女兒託付給你照顧。陸凡解釋說，自己畢竟不是她的親哥哥，管輕管重都不好，再說陸甜也不是小孩了，難道他還得二十四小時即時追蹤嗎？

允恩想想也是，就沒再多問。

哪知道才不到一週，允恩就接到了陸甜的電話。電話裡陸甜一直哭，允恩有些擔心，直接跑到陸甜的住處。陸甜兩眼紅腫來開門，一看就是哭了很久。允恩心想，肯定是失戀了。果然沒錯，再看看滿地狼藉，難道二人分手還打架了？

原來，陸甜和男友是在夜店認識的。當時她和一個同事去夜店玩，這個男人過來搭訕，兩個人聊得很投機。陸甜的同事因為時間太晚先走了，陸甜就和那個男人繼續聊天、喝酒，總之玩得很high。陸甜讓那男人來家裡，當晚就發生了性關係。第二天早上起來，陸甜覺得大事不妙，怪自己玩出火了，好在那個男人是自己喜歡的類型，不如就和他談戀愛吧。

剛在一起時還好，後來問題就出現了，陸甜說只要男友稍微晚一點回來，她就覺得男友可能是去鬼混了；有時自己晚回來，男友也問東問西。雖然兩人都覺得與對方個性挺合得來，但卻沒辦法完全信任彼此，畢竟他們是由一夜情開始的，好像在雙方的印象裡，彼此都是輕浮、愛玩的人。

今天也是這樣，男友昨晚一夜沒回來，陸甜質問他，男友說公司加班，陸甜不相信，就吵了起來。最後男友可能也氣急了，丟了一句：「大家本來就是先睡過才開始的，沒辦法互相信任，分開算了！」陸甜聽到這句話，心如刀割，男友要走，她上前攔阻，拉扯過程中摔了一些東西，就成了現在看到的這番景象。

允恩瞭解前因後果後，竟然不知道該怎麼安慰陸甜了……

一夜情的鬧劇天天都在上演，稱之為鬧劇，是指女人前一夜糊里糊塗地上了某個男人的床，一旦天亮，自責的心情就會湧現。

於是，有些女人在一夜情之後，為了彌補自己的過錯，索性和那個不怎麼熟悉的男人開始了一段似假似真的愛情。彷彿這樣之前的過錯便可一筆勾銷。即使到時候和這個男人分手了，也不必背負一夜情的罪名。

女人真是想不開，認為但凡不以愛情為目的的性都是齷齪的，可是你如果問她早知如此何必當初，她又支支吾吾答不上來。

其實，女人沒有想清楚，和一夜情的男人談戀愛是下下之策，因為對彼此的瞭解源於一夜情，本身對愛情的信任度就不夠，尤其是當矛盾產生了，翻舊賬傷害彼此的戲碼更是屢見不鮮。

無論你承認與否，女人對性的依賴一點不亞於男人，上床前，男人用下半身思考，但上床之後，女人便開始用下半身思考了。這也是為什麼，那麼多女人把第一次給了男人之後，就算那個男人是混蛋，她也不願意放手。女人就是這樣，一旦獻身，便會升起「鐵了心」跟定他的念頭，認為無論愛與不愛，都該發生一段感情才對。

這種想用戀愛關係來彌補過失的做法，非常不明智，最後只會讓自己犯下更大的錯誤。一夜情沒什麼大不了，妳大可以忘記它、放下它！

6 吃不到的葡萄都是酸的

齊甜追學長的計畫正如火如荼地進行，眼看幾個月過去了，沒有絲毫的成果。齊甜是一個不善於表達自己情感的女人，表面說是女追男行動，其實也就是約出來一起吃個飯。每次，對方說得最多的都是關於另一個女人的事情。很多次，「愛情導師」金允恩都要她直接告白，但齊甜每次都做不到，有時話到嘴邊又嚥了下去。問她為什麼，她也說不出個所以然來。

週末學長約齊甜吃飯，齊甜爽快地答應了，精心裝扮一番後出門赴約。來到約定的飯店，對方已經到了，齊甜覺得他今天格外不同，但又說不上來。

「你早到了？」齊甜放下包問道。

「也才剛到！」學長說道。

「出差剛回來？」上週他說要去出差。

「昨天回來的，立刻想到請妳吃飯！」學長笑著說。

兩個人點了幾道菜，邊吃邊聊。今天學長的話出奇的多，也喝了不少酒，直到晚飯快結束時，學長才告訴齊甜：「學妹，跟妳說，我成功了！」

「成功？什麼？」齊甜不解地問，但心裡隨即有了答案，對學長即將要說出口的話感到忐忑不安。

「那女孩答應當我的女朋友了。我第一個想到的就是跟妳分享我的快樂！」學長笑著說。

「這值得慶祝一下！」齊甜笑著，內心卻很難受，不知道這頓飯是慶祝學長追到心儀的女孩，還是安慰自己一點希望也沒有了。

一個因為喜悅，一個因為落寞，兩個人都喝了很多酒，臨走學長突然擁抱了一下齊甜，在她耳邊說：「妳是個好女孩，我一直很喜歡妳，和妳在一起我很快樂，但我知道妳不喜歡我。不過沒關係，我現在有盈盈了，妳也一定會找到妳愛的那個人……」

學長放開齊甜，擺擺手消失在夜色中。

齊甜聽著學長的話，眼淚不禁流了下來，她看著學長的背影，說：「傻瓜，誰說我不喜歡你，不過那已經不重要了。」轉身，眼淚沒有停下來的意思，齊甜低著頭坐上計程車。在車裡，齊甜哭得很難看，司機關心地問：「和男朋友鬧彆扭了？」

齊甜沒有解釋，也沒有說話。

司機以為齊甜默認了，接著說：「年輕人吵架很正常，其實，最好的感情不是一輩子不吵架，而是吵架了還能過一輩子。」

齊甜回到家，金允恩關切地問：「戰果如何？」

齊甜沒回答，逕直走回房間換衣服，又走進浴室洗臉，過了好一會兒才出來。允恩發現齊甜眼睛紅紅的，知道一定是哭過了，小心地問：「不順利？」

齊甜搖搖頭，說：「他說他喜歡我，只是覺得我一直不喜歡他！」

「這樣啊，那妳告訴他，其實妳也喜歡他不就成了！」

「但是，他告訴我這件事之前已經和別的女孩在一起了。」齊甜落寞地說。

「那妳就搶回來啊，告訴他，妳喜歡他，只是一直沒說！」允恩替齊甜著急，早就要她說出口，一直沒說，現在錯過了。

「不想說！」齊甜低著頭。

「為什麼？」允恩不解地問。

「因為我突然發現他不是很好。覺得我不喜歡他就放棄了，選擇別的女人；之後還來跟我說些有的沒的，優柔寡斷，不適合我！」齊甜說。

「哇，妳還真想得開，我還以為妳會很難受呢，畢竟妳做了很多努力！」

「想不開又能怎樣，我可以為喜歡的人努力改變，可是他卻輕而易舉地選擇了放棄。最後演變成今天這種局面，我沒有力氣周旋在三個人之間的感情中，累！」

「齊甜，妳知道嗎？妳這種行為就像……就像我們學過的一篇課文中的狐狸！」允恩邊回憶邊說。

「狐狸？什麼意思？」齊甜不解地問。

「忘記啦？那篇文章，講一隻狐狸吃葡萄，明明想吃上面的一串，因為搆不到，就說那串葡萄很酸！」允恩笑著說。

「哦！有印象，呵呵，虧妳會聯想，本來嘛，吃不到的都是酸的！我不該再為酸葡萄難過，畢竟我努力過了，既然結果如此，我能做的就是等待我的甜葡萄！」

「哈哈哈……行，明天我去廟裡幫妳求姻緣，希望妳能快點遇到妳的甜葡萄……」允恩笑著說。

吃不到的葡萄誰也不知道是酸的還是甜的，很多時候，我們會認為那些一味強調吃不到的葡萄是酸的人，未免有些自欺欺人，但如果你細想，這種自欺欺人的方法其實也不錯，既然吃不到，何苦非要想著、念著，還不斷地說得不到的才好呢？最終只能讓自己陷入迷思無法自拔，落得不堪的結果。

酸葡萄原理對於女人來說，最容易發生在與感情有關的事情上，比如男友移情別戀了，女人忘不掉男人的好，一遍遍想著曾經的美好回憶，不能自拔；一次次找上門哭著求男人別離開。心軟的男人可能會回來，心狠的男人可能會裝作沒聽見，把門關上。無論哪種結果，真的是妳想要的嗎？

女人，妳必須要知道，這個世界上最不值得的，就是用眼淚來換感情。對妳得不到男人 say no，對妳無法做到的事情釋懷，人生就是這樣。

可有些女人也會說，萬一那些吃不到的葡萄才是甜的怎麼辦？就算那些葡萄甜，但「得不到」已成為事實，妳眼巴巴地看著，也只能看著葡萄進了別人嘴裡，豈不是更加心疼，而且，還很容易在妳眼巴巴看別人吃葡萄時，錯失了身邊其他的「葡萄」。

7 靠男人不如靠保單

金允恩最近有意換工作，可是很難找到適合的，於是旁敲側擊問陸凡：「最近工作很不順利，我想辭職，換一份新工作。」

「什麼？妳天天坐辦公室有什麼不順利的，倒是我，最近客戶的單子越來越難簽了，還不知道年度考核時，我這小主管的位置能不能保住呢？」

「哦……不順利就是不順利啦，不然也不會想換工作啊！」允恩有些失望地說，本以為陸凡會體貼地詢問自己工作不順的原因，沒想到他反而抱怨起來了。

「那妳找好工作沒有？現在競爭這麼激烈，辭職的最直接結果就是失業。我現在要還車貸，等結婚以後，我們換大房子，還得繳房貸，妳要知道我壓力有多大……」

允恩歪頭聽著陸凡的長篇大論，她知道，他說來說去其實就是一個意思：經濟壓力大，所以她絕不能有想辭職待業家中的想法。雖然陸凡說的是事實，可是允恩卻很難受，「不就說了因為工作不順，所以想換工作嗎？都還沒挑明說想辭職待在家呢。這樣看來，萬一以後自己真的沒了工作，根本別指望他會養我！」想到這裡，允恩突然氣起來，丟下一句「我自己會處理」，便屁股一扭，回臥室睡覺去了。

很多時候，男人和女人的差別就在於此，男人遇事常常過於理性，而忽略了女人的感受，而女人又往往太過感性，感性到偏偏在乎男人無意間說的那一兩句話。

上半夜，允恩因為氣憤而無眠，而後半夜則因為陸凡在客廳「鬼哭狼嚎」地看球賽而無眠。次日，允恩只能頂著一對大眼袋「重妝」上班啦！

到了公司後，閨蜜兼同事段美旭見到允恩一副狼狽樣，便過來關心。允恩正滿腹委屈無處說，便一股腦地全倒給了美旭。

「好了啦，不要因為這種事情生氣了，不值得。本來嘛，男人和女人想事情的方式就不一樣，不如我講個笑話給妳聽吧！」美旭安慰允恩說道。

允恩點點頭，美旭便開始講了：

有位男士認為老婆整天在家做家事帶小孩，日子過得好輕鬆，不像自己每天都要上班，工作辛苦壓力大。一天晚上，他沉沉睡去，夢到一位白鬍子老翁跟他說：「從明天開始，你和老婆角色對調！」

第二天一早，這位男士醒來發現自己已經變成老婆，一早就要起來做早餐，張羅孩子起床，送孩子去上課、買菜、回家打掃、洗衣、煮飯、接孩子回家、洗碗、監督孩子做功課。好不容易等到孩子們都睡了，她才準備要上床休息，可是這時老公的興致來了，她只好努力配合。

第二天一早，他連忙呼叫白鬍子老翁：「我錯了，我知道我老婆也很辛苦，讓我們調換回來吧！我以後會好好愛她，再也不抱怨了！」

「沒問題，但要再等二百八十天。」白鬍子老翁說。

「為什麼？」

「因為你已經懷孕了！」

美旭說完，自己也忍俊不禁。

「哈哈哈……挺好笑的，不過女人也是真可憐！」允恩心情好一點了。

「所以啊，身為女人一定要時刻為自己著想，以免等到人老珠黃，一個人受苦！」

「說的也是，不過怎麼著想啊？」允恩感同身受地說。

「啊？妳都難道沒聽過『這年頭，靠男人不如靠保單』的說法嗎？我都買了兩份保險了，妳不會沒買吧？」美旭驚訝地說。

「沒……怎麼可能，我也有買啦！」允恩有些心虛地說。

大概每個人聽了段美旭講的笑話，都會覺得很搞笑吧。

但曾幾何時，靠男人養已經成為一個遙不可及的夢想，因為一般的女性若在家當家庭主婦，只靠老公的薪水養家，同時必須付出勞力做家務，如果沒有存點私房錢，萬一感情變質或老公工作有變數，妳該怎麼辦？

已婚的職業婦女，下班後還是得做家務，其實比家庭主婦還可憐。如果把全部的收入都拿來養家，沒有做退休規劃，最後辛苦了一輩子，都是為別人而活。與其把自己的未來押在婚姻的變數上，還不如一手打造「養老保單」來保障自己的後半生，萬一生病、婚姻路上有閃失，或是孩子不孝順，最起碼都還有後路和保障。

女人要美麗，也要財富，如果妳也想透過投資理財來經營幸福生活，除了做好應有的保障之外，也可以自己決定每年存多少金額，有計畫地打造妳的千萬存摺。

8 白頭偕老的感情

一段時間沒有段美旭的消息了，一有消息就是好消息，原來她已經有新的戀情了。對方是大學歷史系教授，各方面條件都不錯，美旭這次是以結婚為前提才交往的。

眾姊妹得知消息後都非常開心，吵著要美旭把男友帶出來看看。畢竟美旭都戀愛三個多月了，姊妹們竟渾然不知，還以為她忙著開拓事業呢！

那天她們約在老地方見面。眾姊妹一見美旭的男友，內心都有點納悶，一個書呆子型的男人，完全不是美旭會喜歡的類型啊？

聊天時，這男人一展「悶」功，悶得大家都要發霉了。崔家橙想開個玩笑炒熱氣氛，沒想到竟然讓他生氣了。家橙反覆回想自己也沒說什麼過分的話，美旭趕忙解釋說男友不太擅長說笑。

齊甜也趕忙打圓場，說她最羨慕大學教授了，請他講講話吧。沒想到他這一開口竟然停不下來，差不多把中國上下五千年都講了，聽得允恩直打哈欠，又怕這位教授大人不高興，只好忍著。

事後允恩她們一致認為這男人真的不適合美旭。美旭也承認，他真的不是她的「菜」，但是自己年紀老大不小了，能找個白頭偕老的實在不容易。

眾姊妹聽到美旭的答案，頓時無語了，不是因為說不出話來，而是因為不知道該怎麼說。美旭的擔憂她們也都有過，但也不能因為擔心找不到能過一輩子的人，就隨便將就吧，這可不是將就一兩天而已，而是一輩子啊！

美旭還說，自己已經交過兩任男友了，既然他對自己不錯，雖然很多地方不是很合，但她真的不想再分手了，何況她還是他的初戀，也算難得吧。

允恩不禁疑惑，和根本不適合的人湊合在一起，就算真的白頭偕老了，這樣的婚姻會幸福嗎？

第三隻眼看愛情

愛情誓言中，最常聽到的四個字是「白頭偕老」。無論是戀愛中的情侶還是結婚的夫妻，無不為了這四個字努力。

但白頭偕老不等於一帆風順，沒有一個人的愛情可以簡單地由始至終，也鮮有人一生只談一次戀愛就心甘情願地和對方相守一生。

女人常常有一種矛盾，找男人不知道該怎麼選。沒經驗如一張白紙的男人，太不成熟；那麼選情場老手呢？女人依舊滿心糾結，這樣的男人情史太多，難免弄出什麼剪不斷理還亂的故事。

女人暗自傷神，找個白頭偕老的人怎麼就這麼難？難，是肯定的，因為妳自己也不想隨隨便便就找一個，而是希望找一個好的，但如何找到呢？一兩次就碰上的女人太幸運了，可幸運有時並不都會帶來好的結果。

一個女人學校畢業就和初戀結婚，心裡認定初戀便是自己可以白頭偕老的人，可是隨著時間慢慢流逝，發現對方其實不適合自己。面對身邊出現的異性，開始心猿意馬，但女人懂得安慰自己，既然已經結婚了，就該相守著到老，不要再做他想。可女人得到了真正想要的幸福嗎？就算堅持下去，那真的稱得上白頭偕老嗎？

恐怕沒有幾個女人願意用一生的幸福，換來這樣的白頭偕老吧。

所以，別急著和眼前的男人許下一輩子的誓言。白頭偕老從不會屬於第一個情人，因為那時候的我們還不懂得愛，也不甘於只愛一人，身邊太多誘惑，沒有體驗過的男人女人，很容易不定性，傷害了彼此。因此，女人也好，男人也罷，在下定決心與某人白頭偕老之前，她（他）需要一見鍾情很多人！

9 男人的情史

和崔家橙分手後，傑森糾結了很長一段時間，終於和美可正式在一起了。兩個人相處得還不錯，只不過美可心裡有個結，至少現在是打不開的。

她想和傑森在一起時，傑森還有崔家橙，後來她搬來和傑森一起住，依然無法擺脫崔家橙的影子。很多次，美可靠在傑森懷裡時，都會情不自禁想到他和崔家橙的往事。美可曾經在崔家橙的公司工作過，她知道崔家橙是個多麼優秀的女人，總是擔憂會不會有一日，傑森又回到崔家橙身邊呢？

一次，美可打掃房間時，意外發現了床底下有一本日記，是傑森的，裡面記錄了他認識崔家橙之前和其他兩個女人交往的事，厚厚的日記，三、四百頁，像是重播，讓美可看到了傑森的過去。從日記上來看，似乎每個女人對傑森來說都很重要，他還為初戀女友紋了身，就在手臂上，怪不得美可那次問傑森，為什麼手臂上紋一句法語，原來他喜歡的初戀女孩後來去了法國，兩人也因此分開了。

看著那些日記，聯想著傑森經歷過的感情，美可心裡非常不舒服。晚上，當傑森摟著她看電影時，她看到了他手臂上的刺青，再一次問傑森，為什麼紋身？

傑森沒當回事地笑著說，因為覺得好玩，沒想到美可卻非常生氣地問傑森為什麼要騙她，明明是為了紀念自己的初戀，為什麼不敢說。傑森一聽先是愣了一下，隨後問美可怎麼知道的。美可把不經意看到日記的事說了，傑森雖然有點不舒服，但是也沒有生氣，解釋說那都是很久以前的事情了。但美可一口咬定傑森忘不了過去，傑森也生氣了。

他對美可嚷道：「難道妳沒有過去嗎？重點是妳相不相信我。如果不相信，說什麼、做什麼又有什麼用？我們在一起時我就告訴過妳，妳是我交往的第四個女友，但這不代表我不珍惜妳，妳還要怎麼樣呢？」

其實美可也不知道自己要什麼，她無法讓時間倒轉回去，讓這些事都沒發生過。既然接受不了，那就離開傑森啊？她也捨不得，但就是拗不過這種不舒服的感覺，一想到心裡就難受，好像吃到蒼蠅了一樣。

從此以後，美可總是不自覺地把傑森以前的事拿來和現在對比，導致兩個人不時爭吵。

第三隻眼看愛情

戀愛中的女人對待自己的另一半總有太多的糾結，而其中最讓她不安的便是男人過去的情史。

女人常常抱怨：「真的很愛他，可是他有那麼多情史，我怎麼能放心和他在一起呢？」

一個有故事的男人，除了有魅力能讓女人對他充滿好奇之外，也會帶給女人無限的痛楚。當她依偎在這個男人懷裡時，往往會想，這個男人也曾經這麼溫柔地對待過許多女人……

女人活在感覺裡，甚至為感覺而活。在愛情裡，有些女人把擇愛的條件劃得太過清晰，清晰得成了一道感情裡的傷痕。

既然不能接受就該放棄，不，女人就是不放手，越糾結越放不開手，不是因為有多愛，而是因為心有不甘，她想成為他所有故事中最美好的一段。

這樣的女人太傻了，傻在錯誤地以為愛情是一次接一次的征服，殊不知，愛情中多半是妥協，對他的缺點妥協，對他的情史妥協……當然也要對自己的糾結妥協。

對男人的過去妥協是一種成熟的表現，疼得徹底，輸得乾脆，遠比糾結著藕斷絲連舒服得多！

Chapter 5

無限期延長愛情「保鮮期」

有人說，再完美的愛情也只有三個月的保鮮期，
時間一過，再多的激情也會變淡。
事實上，感情保鮮期本身就是一場男女拉鋸戰，
並非取決於時間的界限，而在於你來我往之中的「小手段」。

1 男人都戀床

金允恩與陸凡自上次誤會後一整週都沒說話，允恩甚至開始懷疑，兩人該不會就這樣分手了吧？她真有種想去算命的打算，怎麼突然間幾個姊妹都失戀了，真是流年不利啊！

齊甜瞭解允恩的想法，幾次勸允恩先聯繫陸凡，但允恩打死不肯，她說：「這關乎以後在一起的尊嚴，既然自己沒有錯，為什麼要被人誤會，還要主動低頭呢？雖說感情沒有對錯高低之分，可是絕對不能放棄主導權！」

就這樣，允恩在家裡度過了一個極其無聊的週末，因為平常這個時候，她應該和陸凡在一起的。

週一下班，允恩如往常一樣走出公司，卻在門口不遠處看到陸凡拿著一束花站在車旁。見陸凡向自己招手，允恩故意當沒看見，繼續向前走，陸凡一看允恩要走，趕忙把花放進後座，發動車子追了過去，並且按了兩聲喇叭。見允恩沒有上車的意思，陸凡趕忙下車，二話不說就把允恩拉上車。其實允恩從見到陸凡的那一刻就不生氣了，但女人嘛，不能丟了矜持，這是允恩常說的話。

「你來做什麼？我還有一個重要約會呢！」允恩故意氣陸凡。

「好了，對不起，親愛的，是我誤會妳了，美旭都和我說了，是我不好，看我不就帶著花來向妳請罪了嘛！」原來，美旭看不過允恩和陸凡這樣嘔氣，主動打電話給陸凡，瞭解實情的陸凡自知理虧，趕忙來找允恩。

允恩說了幾句鬥氣的話後，也就不再多說，兩個人相視一笑，就算冰釋前嫌了。

陸凡帶允恩去常去的餐廳吃晚飯，直接帶允恩回自己家，一進門，允恩著實吃了一驚，屋子的牆壁重新粉刷了一遍，刷成允恩喜歡的粉紅色，臥室也加了一些粉紅色的裝飾。

「喜歡嗎？」陸凡看著允恩說。

允恩只是笑著點頭，歡喜的心情溢於言表。這時陸凡抱住允恩，「這是我專門為妳布置的，親愛的，既然喜歡，搬過來我們一起住，好嗎？」

還不等允恩回答，陸凡就把允恩抱進了臥室……

早上起床，允恩看了看時間，才六點，本想再睡一會兒，一轉頭，看到陸凡正盯著自己，就問：「看什麼？」

「親愛的，我昨天晚上問妳的問題，妳還沒回答我。」

「你還說，你給我機會回答了嗎？」允恩嬌羞地說。

「妳這時候的樣子最迷人了。我們一起住吧，好嗎？省得我總想著妳，現在我們一週只有一天能在一起，要是同居，天天都能這樣了。」陸凡故意撒嬌地說。

「哪樣？」允恩明知故問。

「這樣！」說著陸凡直接壓在允恩身上，要吻允恩。

允恩推開陸凡，突然變得嚴肅起來，問：「你愛我嗎？」

「我愛妳！」陸凡也嚴肅地回答。

「等你真的娶了我再說吧！」對女人來說，一句「我娶妳」勝過無數句「我愛妳」。兩人交往也有一段時間了，都見過雙方家長，陸凡也正式向允恩求過婚了，但兩人工作都忙，一直還沒真正開始籌備婚禮細節，始終擱在那兒，允恩一直等著。

「行，再過段時間，我想多賺些錢，給妳過好生活，再把妳娶進門！」

「那就等你真的娶我進門後，我再住過來！」說著，允恩一個翻身下了床。

「允恩，有時候我真搞不懂妳，現在人談戀愛有誰不住在一起，我們偏偏就不行！」陸凡有些不高興。

「我是金允恩，不是別的女人。我只是希望你想清楚，要我和你一起住，首先我必須是你最重要、最不可或缺的人，不管在你心裡還是在你床上！」允恩一邊穿衣服一邊說。

「行，為了證明金允恩既是我心裡也是我床上不可或缺的女人，我決定年底就結婚！」陸凡大聲說道。

「好啊，到時候看我有沒有空吧！」允恩一臉壞笑。

第三隻眼看愛情

同樣是談戀愛，但男人和女人的想法截然不同。

換言之，男人和女人的想法本身就是有矛盾的，只是大部分女人都選擇遷就男人，而少數像允恩這樣的女人，則選擇了「爭到底」。

男人常常不明白，既然兩個人都確定了關係，為什麼女友還偏偏要在自己面前裝純情聖女；女人往往想不通，男人愛自己，是為了和自己生活一輩子，還是為了和自己上床？

所謂「談戀愛」，這戀愛本來就是該用「談」的，不同的是，男人喜歡在床上談，而女人則覺得在床上談的戀愛不太真實。

的確，點幾枝蠟燭，對著月亮談天說地沒辦法滿足男人們的幻想，但為了博取女人的歡心，那些你儂我儂、甜甜蜜蜜的愛情宣言還是要說的。

但回頭想想，都不過是些目的性極強的「廢話」，可是，戀愛若沒了這些「廢話」填充，愛情也就索然無味了，就如同遇不到火的乾柴一般，沒有激情，沒有火花。

不同的是，男人和女人雖然都說著同樣不著邊際的「廢話」，但心中所想的事情卻有天壤之別。

女人在男人面前說廢話，是想拉長男人等待的時間，不想讓男人太早爬上自己的床；男人在女人面前說廢話則恰恰相反，他們是為了能儘快爬上女人的床。

這樣看來，男人和女人的戀愛觀在本質上就是對立的。

那麼，為什麼還有那麼多女人和男人談著談著，就讓男人上了自己的床呢？因為，再有耐性的女人也很難禁得起男人的死纏爛打。

愛情，總會開花結果，幾乎所有的戀愛最後還是會在床上「談」！

上床後，男人會慢慢沉澱下來，思考如何和這個女人發展愛，但在此之前，他百分之九十九的精力都用在如何上床這件事，當然，男人的願望不只是和他有好感的女人上一次床，因此，上床之後他就會說「我們同居吧！」這樣一來，他便可以肆無忌憚地與這個女人發生關係，還可以心安理得地將家務全都交給這個女人。女人卻剛好相反，上床後，女人開始漸漸放下「愛」這個問題，把大部分的精力花在「該不該上床」這件事上。

換言之，男人做任何事情都會給自己設定一個終點，然而女人的每一個終點卻都是一個起點。

這也是為什麼，幾乎所有和女友上過床的男人都覺得這就是戀愛了，而幾乎所有和男友上過床的女人都開始打算什麼時候結婚了。

男人都是戀床的，在床上男人會完全喪失理智；女人則不會，她們在床上的時候異常清醒，否則她們為什麼總是在床上問男人「愛不愛我」、「會不會娶我」……但女人卻忘記了，面對床的誘惑，男人什麼話都說得出口。

2 別讓自己成為男人一到手就想甩掉的女人

夏正南再次被金允恩拒絕後，決定徹底放棄了，但對金允恩的那份感覺卻讓他一直銘記在心。也許應驗了那句老話，得不到才是最美好的！

想到這裡，夏正南把偷拍金允恩的照片從辦公桌上撤下，放進抽屜。看了看時間，整理一下衣服便離開了辦公室。

今天是夏正南一個朋友的生日派對，說是朋友，其實不過是生意上認識的人罷了，但人情還是得顧，所以仍準備禮物出席。

剛走進派對所在的酒店，夏正南就看到一張熟悉的面孔——明彩，明彩也看到夏正南，扭著身子走了過來。

「夏總，好久不見。怎麼，沒帶著你的新歡金允恩小姐一起來？」

「呵呵，她不是我的新歡，怎麼妳也來了？」

「當然嘍，哪有男朋友過生日，女朋友不到場亮相的呢？」

「看樣子，妳和嚴曉明已經開始交往了。」嚴曉明就是這場派對的主人，也是夏正南生意上的朋友，以前夏正南曾帶明彩和嚴曉明一起吃過飯，嚴曉明對明彩有意思，後來兩個人還真的看對眼了。

「怎麼，嫉妒了？我明彩可不是沒人要的！」

夏正南只是一笑，什麼話也沒說。

派對開始了，夏正南和嚴曉明寒暄幾句後，找個人少的地方坐下，一個人喝酒。

「怎麼？夏總不開心，難不成為了某個女人？」明彩走過來，挑釁地問。

「妳明知故問？」夏正南犀利地看了明彩一眼說道。

「夏正南，我不明白我哪一點比金允恩差，你當初竟然那麼對我！」果然，明彩憋著一肚子火，一直無處發洩。

「我不想和妳討論這個話題。」夏正南本來就煩得很，不想多說話。

「想當初你追我的時候，不也是每天送玫瑰和小禮物嗎？我想知道你到底怎麼想的？」明彩咄咄逼人地問。

「好，我告訴妳，妳明彩是男人想要得到手的女人，而金允恩是男人想要得到心的女人。我和妳在一起就是想和妳上床，但我對金允恩，不只想得到她的人，更想得到她的心，這就是妳們的差別！」夏正南盯著明彩說。

「夏正南，你……你不要太過分！」明彩有些惱羞成怒，氣憤地說。

「是妳要我說的，我只是實話實說。妳以為嚴曉明是真心對妳的嗎？明彩，妳太天真了，在商場上打滾，難道妳不比我清楚嗎？」

「夏正南，你真的是喝多了……」

說著，明彩生氣地掉頭走人。

第三隻眼看愛情

和男人上過床的女人常常抱怨，「早知道不該那麼早就給他，現在他完全不在乎我了」，沒錯，有這樣感慨的女人不是一兩個，也不是三四個，而是大部分女人的共同心聲。

女人們不解，怎麼結婚前自己還是公主，結婚後馬上就成了女僕？想當初還沒和他上床時，他什麼都答應，一旦給了他，他就什麼都拒絕，妳多說一句，他就嫌妳煩，恨不得妳消失最好……

於是，所有戀愛中的女人們一口咬定，男人都是選擇性失憶的冷血動物，一旦把身體給了他，就注定恩寵不保，為了讓自己被寵愛的時間能延長一點，不得不想辦法拉長與男人發生性關係的等待時間。以此讓男人知道，來之不易，要倍加珍惜。

可是，增加他抱妳上床的難度，你們的感情就能長久甜蜜嗎？

對於男人想要得到「身」的女人，妳的欲擒故縱不過是成全了男人熱愛冒險和挑戰的天性。男人要的就是征服女人之後的虛榮，遊戲規則越複雜，越能激起他的興趣。但要記住，這種興趣只在上床之前，一旦發生了關係，男人成為贏家，他便不會再留戀妳這個被他征服的「戰利品」了。

對於男人想要得到「心」的女人，情況就截然不同了，雖然得到後會有些許的倦怠，但男人依舊珍惜，願意與之相守一生。

女人選擇男人時，不要只盯著他的身家背景，也不要一看到他開名車就說自己情不自禁，更不要只在乎他每天一束玫瑰和禮物，相反地，要給這個男人留下「矜持」的形象，因為再玩世不恭的男人，也不敢輕易對作風正派的女人下手。

3 始終以情人的標準與他生活

時間過得飛快，經過了一段眾姊妹感情低潮期，大家迎來了一件非常開心的事情——金允恩和陸凡結婚了。

婚禮是允恩自己策劃的，有了上次幫他人籌備婚禮的經驗，這次為自己辦婚禮可說駕輕就熟。她也喜歡簡單的西式婚禮，所以決定在教堂舉行儀式，再租了一個場地辦自助式婚宴。

婚禮當天，允恩無疑是最漂亮的新娘，陸凡也顯得格外帥氣。這話是齊甜對崔家橙說的，段美旭也到場了，不過只有她一人，她終於想通了，婚姻不能湊合。

三個人在新娘房送結婚禮物給允恩的時候，都忍不住哭了。為允恩祝福吧，畢竟她是四姊妹中第一個嫁人的。家橙回想當初在大學宿舍開的玩笑，以為這四人中最後結婚的會是允恩，沒想到，她竟然成了第一個，總之，那日的婚禮很成功，所有人都很開心。

婚後，允恩和陸凡搬到新房住。陸凡非常開心，因為允恩堅持施行的婚前不同居政策，讓婚後的生活格外有新鮮感。

婚後一段時間，家橙、美旭和齊甜來允恩的新家玩，之前也來過幾次，不過那時允恩新家裡擠滿了親戚，不便多待，更別說私下聊聊天了。這一次，陸凡出差，一週後才回來，允恩立刻邀請姊妹們來家裡 happy。

崔家橙是第一個到的，帶了一瓶紅酒。齊甜和美旭隨後到齊，自允恩搬走後，單身的美旭便和齊甜一起住，她們那房子不錯，有露台，很舒服，而且兩個人分攤房租，比美旭之前自己租房子時便宜很多。

大家圍桌坐下，吃著允恩親手做的飯菜，喝著家橙帶的紅酒，齊甜不禁感慨，如同允恩結婚前的感覺一樣，唯一不同的是，允恩做的飯菜比以前好吃，看來婚姻真的能改變女人哦！

允恩解釋說：「我可不是家庭主婦，這是為了培養生活情趣。結婚又不是去刑場，妳看妳說的，什麼還跟結婚前的感覺一樣，我，金允恩，結不結婚都是一樣的，唯一的不同就是，結婚前我和妳住，結婚後我和陸凡住！」

大家被允恩的話逗得大笑。美旭說，她覺得婚前婚後不可能一樣的，結了婚很多事情都要考慮，就像她一個朋友，結婚前挺愛玩的，結婚後連朋友聚會都不出來了，現在一整個家庭主婦模樣，那天在商場巧遇，差點認不出來，穿得越來越隨便了，以前她可是那種不打扮美美的絕不出門的人。

齊甜也在一旁附和，覺得女人一結婚，很多事情都不一樣了。

允恩倒是有不同的見解，她認為，不是所有女人都會那樣，賢慧不等於邋遢，也不等於自此就要圍著男人的生活打轉，依舊可以過自己想要的生活，這樣一來，男人反而會更愛妳。

允恩說：「我一個阿姨的朋友，今年四十多歲了，每天還是打扮得很漂亮，她和老公結婚十幾年了，兩人感情還是如膠似漆，其中有一個祕密，妳們知道嗎？」

家橙要允恩別賣關子，趕緊說，允恩說：「這祕密就是，始終以情人的標準與老公相處。」

「真的假的？情人的標準！」齊甜覺得很有意思。

允恩繼續說，阿姨的朋友婚後始終保持著自己的生活方式，該聚會就聚會，該出去玩就出去玩，也讓老公不時出門和哥們聚聚。她不會終日圍著家打轉，但會把家收拾得井井有條，也不給老公留下黃臉婆的印象，讓老公對她始終保持著熱情。偶爾她還會和老公一起去酒吧，各自裝成單身的人，看誰被搭訕的次數多，贏的人可以命令輸的人做一件自己想讓對方做的事情，每一次阿姨的朋友都獲勝，然後她會要老公請她去吃一頓燭光晚餐。

他們時常一起出去旅行，即便有時候經濟並不寬裕，但他們會計畫一些便宜的行程出去走走，有時兩個人一起，有時分開旅行。我曾問過她，難道不害怕老公因此放縱，在外面找別的女人嗎？她只是很淡然地說，如果想找，妳管死他，他也會找，相反地，這樣的相處模式讓我們彼此都覺得非常舒服。我不想結婚後就成為管家婆，而是想要當他永遠的情人，這樣，即便他想找別的女人的時候，也會想到我的好，就不會真的一去不回了。

去年的一次聚會上，我也問過她老公，在他眼裡，老婆是個什麼樣的人，他跟我說，在他眼裡，老婆是這個世界上最好的女人，一開始他恐懼婚姻，害怕被束縛，沒想到和她結婚後，根本沒有那種感覺，她給他足夠的空間，總是保持著若即若離的關係。即便同住一個屋簷下，她也總不時想些好玩的事情或者適時製造浪漫，這是其他男人在婚後很少有過的體驗。他娶了一個老婆，卻像是得到了三個人，老婆、情人和朋友，而很多男人只能到外面偷偷約會去找情人。

三個姊妹聽得目瞪口呆，又頻頻點頭。

隨後，允恩接著說：「我也會以此為鑒，以情人的標準和陸凡生活，我不會改變自己原有的生活，所以我們該聚會的時候就盡情聚會。我也不會去改變他原來的生活，他也需要自己的空間。」

第二隻眼看愛情

現實中的女人們常有一個盲點，那就是一結婚就要過另一種生活，自此圍著男人轉，全心為男人付出，漸漸地，不僅讓自己成了黃臉婆，也開始壓迫身邊的男人，不准這樣，不准那樣，給雙方很大的壓力。

女人覺得委屈，自己付出一切卻得不到男人的理解，男人覺得不滿，為什麼結婚後就要完全犧牲自由，開始嚮往那種未婚時的自由自在，有些甚至找情人彌補自己的「不良感受」。

其實何必如此呢？女人婚後之所以變成另一個人，甚至開始讓男人感到不耐，歸根究柢是她想把這個家維持好，想讓男人喜歡回家，並且更愛她。這樣的想法本身沒有錯，錯的是這類女人沒有摸透男人的心思。就算外表再紳士的男人，心裡也住著一個「小惡魔」，他最終會厭倦一成不變的生活，這就是為什麼生活中有那麼多女人最後成了怨婦，抱怨自己付出了那麼多，為了老公放棄了朋友、美麗、身材，最後卻換來了男人的出軌，而這時男人往往也覺得無奈，認為女人根本不知道自己想要什麼。

這就是感情中的矛盾，不管是對於已婚或未婚的男女而言都是如此。男人喜歡那種帶些挑戰、若即若離的感覺，所以，在和男人相處的時候，務必切記，留點空間給彼此。

始終以情人的標準和男人相處，無論你們處在戀愛階段還是已經結婚，這一點都是很重要的。

4 婚姻裡沒有誰該「理所當然」地犧牲

結婚後，允恩第一次和陸凡回他老家過夜小住。在婆家，允恩一改往日，主動洗碗做飯，畢竟在他父母面前要給足陸凡面子，也讓陸凡的家人覺得自己是勤快的妻子，這樣才能減少不必要的矛盾。因此，住在陸凡老家的那一週時間裡，陸凡感到自己過著皇帝一般的生活。

回到台北後，陸凡下班回家看允恩在上網，就問晚上吃什麼，允恩說出去吃，她懶得做。陸凡說自己有點累了，不想出去，允恩起身進廚房，幾分鐘後，端出兩碗泡麵，不過也算花了心思，加了些青菜和陸凡喜歡吃的海鮮丸子。

陸凡似乎還是不滿意，撇撇嘴說：「我忙了一天，妳就給老公吃這個？」

「這個又怎麼了，我也才剛下班好不好？」允恩心想，我明明很累還是煮了麵給你，已經很夠意思了，不要得寸進尺。

「可妳是我老婆啊，電視上演的都是老公一下班就有熱飯可以吃，而且妳跟我回老家那幾天，每天主動做飯、洗碗，我感覺真是太幸福了。」陸凡說。

「對，我要是連你的衣服也洗了，熨好給你，再幫你穿上是不是更好？」允恩其實開始有些生氣了。

陸凡也看出允恩的不高興，就說：「我也沒要求那麼多，只是我們結婚後，妳就不常做飯，碗也都是我洗的。」

「我們結婚之前不也是這樣嗎？怎麼沒聽你抱怨過，難道結婚後就不一樣了？我今天生理期，很累，可是你說不想出去吃，我還是去煮了麵，你還想怎樣？」

「對不起，我忘了妳的生理期。」陸凡有些心虛了。

允恩看著陸凡，結婚前他好像什麼事情都能記得，還會在生理期前打電話叮囑她不要吃冰的，可是現在呢？竟然對自己有那麼多的要求，又不是他的保姆，為什麼要做那麼多。

她轉過頭與陸凡面對面，告訴他，自己現在是他的妻子沒錯，可只是妻子，不是保姆，為他做的一切都是因為愛他，不做也是正常，沒有法律規定女人結了婚就得做這做那、伺候老公，所以也請陸凡搞清楚狀況。

允恩說完，就回臥室了。

陸凡一個人坐在沙發上，回想著允恩的話，想了好一會兒，抬頭看到牆上他曾經寫給允恩的信，被裱框掛在那裡，想到自己曾經的承諾，不會讓允恩做這做那，所有的事情都會自己做，婚後允恩其實已經為他做很多了。想到這，陸凡覺得有些內疚，趕忙到臥室安慰允恩。

其實，允恩也曾想過，自己是不是可以不要老是和陸凡爭論，但轉念一想，如果這次妥協了，很可能意味著以後一直都得妥協。去了一趟陸凡老家，就已經讓陸凡覺得自己應該每天那樣了，如果妥協，就真的再也翻不了身了，男人會覺得妳做什麼都是應該的。

允恩覺得一定要站在自己的位置上，只有自己先把自己定位好，陸凡才能知道如何對待自己，不把老婆當保姆使喚。這和愛與不愛沒關係，而是不要讓男人習慣性地以為妳理所當然就該做。

第三隻眼看愛情

男女之間的感情存在一個奇怪的現象：男人追妳的時候，妳是公主；追到手之後妳是女僕；結了婚之後，妳是媽咪……這麼說來，妳什麼時候才是他的女友呢？

女人也搞不懂，為什麼男人在追妳的時候，可以為了讓妳開心，每天晚上接妳下班，清晨買花站在妳家門前……所有的浪漫都是為了妳，再多苦他都覺得是甜的。可一旦妳讓他得手了，事情就不同了，妳會發現，他去接妳的次數越來越少，甚至連妳們的紀念日都會忘記，而當妳發脾氣質問的時候，他有一副振振有詞地說：老夫老妻了，何必那麼注重形式呢？

是啊，老夫老妻了，就這樣，妳妥協了，本來嘛，感情發展到一定程度難免趨於平淡啊。而後日子，感情就像是白開水，沒滋沒味，但你們還是修成正果，結婚了。

可是，很快妳發現，若平淡的戀愛期妳是個女僕，總不被他重視，婚後的妳，就如同他的媽媽，料理一切，還要終日叮囑他，要這樣，不要那樣……可最後，妳還是躲不過淚流滿面地聽他說想離婚的這一幕。

想要做公主，不是由男人決定，而是由妳自己決定的。

男人追捧妳，因為妳像公主；男人無視妳，因為妳把自己貶低了。

女人總是這樣，被得手之前，總是高高在上，可一旦和某個男人展開實質性的戀情後，馬上便放下自己的身段，和男人「平起平坐」。只是女人不知道，男人通常不喜歡和他們在同一個高度上的女人，那樣只會讓他們漸漸地俯視妳，一旦他開始俯視妳時，妳對他便再無吸引力可言了。

男人喜歡讓他們仰著頭嚮往的女人，能和這樣的女人一起生活，會讓他們倍感成功，你可以說男人好壞不知，但妳不得不承認，男人生性如此，獵物已經到手，他們便不會再去追逐。如果妳能抓住男人這種心理，不做一隻被他得手就「任其宰割」的「獵物」，那麼，他對妳的興趣就不會消失。

戀愛中，就決定妳是何種身分的人只有妳自己，想永遠享受到男人的禮遇，就要做男人眼中永遠的公主。就像他追妳時那樣，讓他對妳抱有興趣和憧憬，是妳維持彼此感情及自己在感情中地位的最佳方法，這也是兩性關係中通用的戀愛法則。

5 半糖主義

齊甜的同事愛琳上個月向她借的錢還沒有還，這個月又問齊甜方不方便再借自己一點錢，說月底前一起還。其實錢倒無所謂，關鍵是齊甜聽說愛琳向很多同事都借了錢，理由是因為她男友看上一款音響，她想買給他。齊甜平生最恨這樣的男人，所以有些猶豫，但最後礙於面子，還是借給了愛琳。

果然，幾天後櫃台通知愛琳有快遞送東西來了，正巧齊甜也在前台查收快遞，看到愛琳查驗貨物，就順口問是買給誰的，愛琳笑著說男友要過生日了，所以買來當生日禮物。

齊甜把這事告訴了一起住的段美旭，當成茶餘飯後的閒聊，美旭聽到後，撇撇嘴，覺得愛琳就跟以前的自己一樣，對男人太好，對自己太不好，這樣遲早會出事的。齊甜覺得有道理，不過也說不準，雖然齊甜不喜歡愛琳的男友，覺得他有點吃軟飯的嫌疑，但那次在樓梯間看到他來接愛琳下班，看起來不像是那種男人，而且當愛琳說要送他很貴的音響時，她男友的第一反應是很堅定地拒絕了，嫌太貴，要買也是自己買，只是愛琳一直說無所謂。

美旭覺得自己猜得肯定對，還和齊甜打賭。美旭說愛琳的男友一定會和她分手，因為有些時候男人都犯賤，妳越對他好，他反而覺得乏味。齊甜則認為，兩個人應該可以繼續。就這樣，兩個無聊加八婆的女人打了一個賭，賭期一個月，輸的一方要請另一方吃頓大餐。

因為和美旭打了賭，齊甜這個月非常關注愛琳，不時還旁敲側擊地打聽愛琳的消息，結果沒有聽到任何關於她分手的事。眼看後天就是一個月的賭期終結日，齊甜胸有成竹，心想：「這下有大餐吃啦！」本想晚上回去先在美旭面前炫耀一番，沒想到臨下班時，愛琳收到一個大包裹，打開一看，愛琳就哭了。有人告訴齊甜，她趕忙過去看是怎麼回事，走到愛琳身邊，看到拆開的包裹裡竟然是上次她買給男友的音響，心裡頓時明白，竟然被美旭說中，真是個烏鴉嘴啊！

愛琳見齊甜站在一旁，趕忙起身，擦擦眼淚，說聲對不起，搬起音響要走。齊甜心裡也不是滋味，覺得自己和美旭拿人家的感情打賭，挺過分的，連忙上前幫忙。眼看要下班了，齊甜對愛琳說：「我送妳回家，畢竟一個人拿著這麼大的東西也不方便。」

齊甜跟經理說了一聲後，就和愛琳一起抬著音響，叫計程車去了愛琳家。

到了愛琳家，齊甜本打算立刻就走，可是愛琳留她一起吃飯。齊甜看著愛琳那副憔悴的樣子，想了想，可能愛琳希望有人能陪她待一會兒，因為失戀的女人有兩種，一種是默默自舔傷口不願別人來打擾，還有一種是迫切需要向人傾訴。

果真，愛琳屬於後者。

吃飯時，愛琳把所有的委屈一股腦兒倒給齊甜。雖然和齊甜平時只是同事關係，但愛琳覺得齊甜是個不錯的人。

愛琳說，她和男友是在大學時認識的，男友是音樂系的高材生。愛琳認為，男友就是自己一直在尋找的男人，而且對她也不錯，感到很滿足，便對男友越來越好，幾乎是朋友眼中公認的頂級二十四孝女友版。無論晚上回家多晚，愛琳都會給男友做宵夜，因為男友經常熬夜做音樂；畢業後男友沒有穩定的收入，愛琳義無反顧地支援男友，幫他買衣服，有時自己捨不得買貴的，給男友卻一定買好的；自己過生日時，愛琳怕男友破費，堅決不讓他送禮物，而男友生日時，她即使借錢也要給男友買一套他喜歡的音響……

齊甜看著已經哭成淚人的愛琳，不知說什麼好，還真讓美旭說中了，是不是男人都有些犯賤的心理，女人對他們越好，他們反而覺得乏味了？

這時，齊甜注意到茶几上有一封信，她示意愛琳，愛琳拆開後發現裡面是一疊鈔票和一張便箋，內容如下：

愛琳：

很感謝這兩年來妳做的一切，可是我不想當一個吃軟飯的男人。妳對我太好了，我可能消化不了，我給不了妳幸福的生活，至少現在沒辦法，這讓我感到很大的壓力，而且很自責，尤其是妳借錢買音響給我，而我什麼都沒有給過妳。我不是不愛妳，只是妳太好了，讓我不知道自己該怎麼做，才能不愧對妳的好。這裡有一些錢，妳先拿著，謝謝妳做的一切，祝一切安好。

齊甜沒有看到信的內容，但看到那一疊錢，心裡對愛琳這個男友的厭惡也沒那麼多了，至少還算是負責的人，或許真的是愛琳對他太好了，他不知道該怎麼做。看來在愛情中，對對方好也是要適量，不然就成了壓力，而自己內心也會因此感到委屈，畢竟妳付出的太多，得到的回報卻少之又少。

第二隻眼看愛情

對待愛情，男人習慣接受，女人習慣了與男人衡量誰愛誰更多。

對男人來說，女人對他好，他感受到了女人的愛，如果女人日復一日、不間斷、無止境地付出，漸漸地男人便會遺忘女人的好。因為他習慣了，如同習慣空氣，覺得對他好是理所當然的。

女人不一樣，她們也願意接受男人的愛，但她們總要先分辨男人對自己的愛有多少，太少的愛她們不要，不夠純淨的愛，她們也不要，不夠細膩的愛，她們依然不要……

但現實生活的男人們，有哪個能把自己的愛先秤好了重量、去除了雜質再給女人呢？對男人而言，女人的要求荒謬可笑。但女人偏執得很，一生都在等待這樣的愛，還信誓旦旦地宣稱，哪個男人若這樣愛她一分，她定會還那個男人十分，男人為了愛奉獻一點點，女人便可以為愛奉獻全部。

男人愛妳一分，妳也愛男人一分，你來我往，過得自在；他奉獻一點，妳又何必非要賭上一生呢？這便是女人的偏執。

愛情就像仙人掌，明明不需要太多水分，你卻日日勤加澆灌，結果可想而知。想呵護愛情，首先要掌握愛的祕訣，那就是保持一定的距離。

這就是婚姻中的「半糖主義」，給愛情留一點空間，給彼此留一點距離，愛的祕訣就是保持剛剛好的距離，真的愛，放開了手，也不會隨風去，真的愛，心意相通，何必太多的付出和太多的委屈。

6 保留一絲神祕感

崔家橙前段時間去了香港玩，在飛機上認識了一個叫 K 的男人，雙方對彼此的第一印象都不錯，沒想到在香港又一次相遇，就這樣成了朋友。

回到台北後，K 邀請崔家橙一起吃飯，因為對 K 的第一印象滿好的，崔家橙便欣然同意。

餐廳內，K 主動打開話題，想到在香港遇見崔家橙時，她拎著很多 Hello Kitty 的袋子，便問：「那次看到妳買了很多 Hello Kitty 的周邊商品，該不會妳也有顆少女心吧？」

「你覺得是嗎？」崔家橙反問道。

K 笑了，想了想說：「說不定是噢，很多人的外表和內心是不一樣的。」

「那你覺得我是什麼樣的人？」崔家橙饒有興致地問。

「妳外表很女人，但內心應該也有活潑的一面，不然也不會在迪士尼玩得那麼興奮。」K 依舊笑著。

「或許吧，我對自己也沒有太多的研究。」崔家橙當然知道自己是個什麼樣的人，不過她覺得沒必要把自己完完全全展示給男人看，總要有所保留，讓男人慢慢去猜，反而更有意思。

晚餐快結束時，K 邀請崔家橙改日一起去打高爾夫，崔家橙說好，只要時間允許就去，K 又追問下週二下午有空嗎？崔家橙笑著說：「等週二上午再確定吧。」不說自己同意，也不說自己有時間。

崔家橙準備開車離去時，收到 K 的一封簡訊，他說如果週二有時間賞光一起打球，他想送束花給崔家橙，問崔家橙能否告知喜歡什麼花。崔家橙回覆 K：「你隨意，看你能不能猜到我喜歡什麼花。」

K 看著簡訊，嘴角上揚，開車回家。一到家，他的表哥來了，見 K 回來就打趣道：「聽說你去約會了，真是難得，難道你還需要約會？」

K 把手裡的車鑰匙丟給管家，要幫傭沖一杯咖啡，坐在沙發上說：「我真正想戀愛的時候才會約會。」

「這麼說來，我們大名鼎鼎的浪子 K 要談戀愛嘍？這次又是什麼樣的女人啊？」表哥繼續笑著問。

「她叫崔家橙，很特別，是我見過最不一樣的女人，一個讓我猜不透的女人。但越是猜不透，我覺得越有意思。」K笑著說。

「認真的？」表哥說。

「當然，我很少認真，但一認真起來就是真的，我喜歡她！」K喝了一口咖啡。

K是某集團的老闆，掌管家族產業，身邊有很多女人，但讓他認真的女人卻從沒有過。

他表哥這一次也覺得納悶，開始期待見見這個讓表弟動心的——不一樣的女人。

第三隻眼看愛情

有這樣一個笑話，女人盛裝打扮，問男人美不美，男人笑著說，美！可男人真正想的是：如果妳一絲不掛地站在我面前，會更美！

為了博取男人的好感與愛，女人會在男人面前褪去衣衫，將自己的一切毫無保留地展現給男人，包括自己的脾氣秉性、情趣愛好。起初，男人倒也激情滿滿，但好景終究不長，男人開始厭倦了，因為眼前的女人已經再也不能給他任何遐想了！

愛情「杯具」了，過錯誰來背呢？

或許你可以說女人自作自受，因為她太過主動了，可是當一個女人愛上一個男人時，「粉身碎骨」都不在話下，何況是「以身相許」呢？

那麼，錯就在男人了？不負責任、始亂終棄？可男人也會辯解，兩個不來電的人在一起越久越折磨，長痛不如短痛。當初他愛上了妳、期待著妳、幻想著妳，然而當激情過後，他發現再也找不到當初的期待與幻想了，開始由欣賞轉為厭倦……

這便是愛情的遊戲規則，步入婚姻殿堂的人多半不是因為贏了，而是因為堅持。

男人喜歡一個女人，這種喜歡多半由慾望的衝動開始，這時妳必須瞭解，讓他的慾望延長，你們的感情才會長久，要知道，潤物於無聲的小雨總比傾盆而至的大雨更加滋潤人心。可女人時常不懂這樣的道理，好像對愛人若不一次展示個夠，就不足以表達真摯的愛。

這麼說來，在男人面前保持神祕感是必要的，這不是要妳在心儀的男人面前扭扭捏捏，擺出一副純情烈女的樣子。妳要做的是拿捏好分寸，收放自如，不要把自己全盤托出，偶爾露個縫隙讓他瞧一瞧，勾起他的好奇心。保有神祕感地若隱若現，絕對比一絲不掛地展現在男人面前更有魅力！

7 偶爾撒嬌的必要

週五，公司不用加班，段美旭來齊甜的公司找她，因為上次的打賭齊甜輸了，現在是她履行承諾請吃大餐的時候了。

美旭還特意精心打扮了一番，因為她已經決定要跟齊甜去一家很有名的西餐廳吃飯，那裡可是眾多極品男人出沒的地方。

到齊甜公司的時候，她還在工作，示意美旭稍微等一等，美旭就坐在一旁看著。

沒一會兒齊甜走到美旭這邊，「稍等一下，我這邊馬上忙完了。我們去別的地方吃飯，這附近有家不錯的餐廳哦！」

美旭一聽，把手搭在齊甜肩膀上，輕拍一下，示意齊甜把耳朵附過來，齊甜照做，美旭在齊甜耳邊突然大聲說：「不行！」嚇了齊甜一跳，美旭笑了笑趕忙說：「我說妳怎麼那麼小氣呢，願賭服輸，要就要吃大餐！」美旭開玩笑地說。

「妳太狠了，要是沒有妳說的極品男人，我就不買單了！」齊甜也開玩笑說。

「放心，保證妳去了一次還想再去！」

「我也覺得，就是錢包不那麼覺得。」說完，齊甜又回去工作了。

快結束時，部門新來的一個攝影助理走過來小聲問齊甜：「齊甜姊，那個是妳女朋友嗎？好漂亮啊！」

齊甜點點頭後，隨即有一想，他該不會以為……馬上又解釋道：「你該不會以為我是……」

助理笑了下點點頭，齊甜無奈地搖搖頭：「她只是我一個很要好的姊妹，我難道那麼像拉子嗎？」

助理還是有點不相信，齊甜說自己沒必要隱瞞，至少現在是喜歡男人的，不過也許以後會喜歡女人吧。

助理不好意思地笑了笑，走了。

齊甜一邊收拾東西一邊把這事告訴美旭，美旭在一邊幸災樂禍地哈哈大笑：「早就說過妳一點也不女人，現在人家都誤以為妳是 Tomboy 了，哈哈，要不我們在一起吧，哈哈哈……」

齊甜看美旭揶揄自己，就故意賭氣說不去了，美旭趕緊道歉，正好被那個助理看到，頗有深意地笑著走開了，齊甜一看那眼神，心想：「完了，這次連解釋都不用了，他肯定以為我們是一對了！」於是開口說道：「妳啊，現在知道自己多沒女人味了吧，在辦公室沒事就撒撒嬌，別總是一副男人婆的樣子！」美旭繼續挖苦齊甜。

餐廳裡，齊甜還在糾結那件事，美旭要她別煩了，隨便別人怎麼想吧，再說，要是能找個像她這樣的女朋友，那是天大的福氣，說完又笑了起來。

齊甜擺著一張黑臉，臉上寫著四個字——懶得理你。

沒一會兒，他們隔壁桌也來了兩個人，一男一女，看樣子是情侶，兩個人邊吃邊聊天，後來因為一件事沒談好，男人有些不高興，女生就在一旁撒嬌解釋自己的理由和道理。男人本來強硬地堅持己見，現在態度也軟了下來，連忙道歉剛才自己脾氣不好……美旭趕忙給齊甜使了個眼神，「看到了嗎？」

齊甜點點頭，示意看到了。

「這撒嬌太重要了，妳看，女人最重要的武器就是撒嬌，妳以後不用敷面膜了，我們一起對著鏡子練習撒嬌吧。」美旭小聲說。

齊甜聽後撇撇嘴，笑了。

第三隻眼看愛情

女人要學會當雙面女郎，在外面可能是獨當一面的女強人，但在家裡，要懂得向自己的另一半示弱，偶爾撒撒嬌，當個小女人。

撒嬌是女人的天性，光從「嬌」這個字就不難看出，「嬌」衍生於女人，而女人又透過「嬌」將美麗延伸。

幾乎沒有男人能夠抵擋得住撒嬌的女人。男人生性剛烈，總是渴望成為保護別人的英雄；而女人則生性陰柔，總是渴望被保護。這樣一來，一個渴望保護別人，一個又渴望被保護，剛好中和。

不過，隨著時代的變遷，越來越多的女人走入職場，也變得強勢起來，這時的她們不再是會撒嬌的小女人，而是職場中殺伐決斷的女強人。此時，男人便無法在女人身上尋找到實現自己「英雄」夢想的角色，所以，雙方的生活也就會出現摩擦與不和諧。

作為女人，無論妳處於哪種社會角色，但是回到家中仍應該學會撒嬌，因為，撒嬌是解決情感糾紛的最好方法。

8 讓他活在「追逐中」

齊甜和段美旭週六晚上無事，擠在客廳沙發上看電視劇，典型的泰國肥皂劇。美旭和齊甜兩個人不時討論劇情，或罵罵搶走男主角的女二，或批評喜新厭舊的男主角……美旭突然說，「還是和姊妹一起看電視比較舒服，回想起以前和男人一起看電視劇的時候，不是看得不甘不願，就是根本不和妳互動……」

齊甜也點點頭，表示深有感觸。

其實男人們不願意陪女友看肥皂劇的原因也多半是如此，女友總是不時要評論一番，有時還會因此牽連上自己，問些不著邊際的問題，答錯了就是一頓抱怨。

美旭和齊甜看得津津有味，劇情發展到男主角決定拋棄女主角的關鍵時刻，齊甜跟美旭商量直接快轉，因為看過劇情大綱，知道女主角被拋棄後很傷心，去了她遠房小姨家，在小姨的打造下成了萬人迷，之前被別人搶走的男主角又重新回到她身邊。

齊甜直接快轉到那一集，果真，女主角一出場就讓人眼前一亮，比之前更漂亮性感，而且性格也變了很多，不再像以前那樣唯唯諾諾，凡事聽從男友的話，而是變得更野性。美旭喜歡看男主角見到變身後女主角驚訝的表情，然後拚命地想追回女主角，只是這一次，追求起來明顯比之前難多了，男主角費了很多心思才又贏得了女主角的心。其實女主角一直深愛著男主角，之所以讓男主角費這麼多心思，這都是她小姨教的，想要得到男人的珍惜，就一定要讓他活在「追逐」裡，太好追到手的女人他們大都不懂珍惜，而且，即便被他追到手了，妳也不能表現得好像自此之後我就是你的人那樣了，否則久而久之他一樣會倦怠。

電視劇看完了，是個美滿的結局，男女主角最終美好地在一起了。美旭在感嘆別人的幸福之餘，也想起了電視劇中女主角小姨說的話，便對齊甜說：「有時兩人不是不愛了，而是突然感受不到相愛的動力，尤其是男人，總會是先厭倦的那一方。這也不全是男人的錯，有時他們想的就是和我們不一樣，女人戀愛後想要的無非是安穩，其餘什麼都不在乎，但男人依舊想活在當初追妳時的那種興奮之中。愛情的制勝法則就是若離若離。」

齊甜聽著美旭的話，說：「妳什麼時候變成戀愛專家了？不論什麼原因，在我看來，出軌就是不對。我去洗澡了，妳自己繼續悟道吧！」

第三隻眼看愛情

戀愛中的女人常常感到不滿，「哎……為什麼呢？在剛追我的時候，那個男人什麼都願意做，可是現在我求他去做，他也未必肯做，難不成這愛情真的會隨著時間越變越淡嗎？」

的確，任何人的愛情都會隨時間而變淡，但這中間還有一個問題，是女人常常忽視的，那就是愛情之中，當女人在抱怨男人對自己大不如從前時，常常沒有想過自己又如何呢？

聽到這樣的問話，半數以上的女人大概都要情不自禁地辯解，「我很好啊，對感情專一，視他如唯一，想要和他安穩的生活……」

這可說是所有戀愛中女人最終的歸途，但女人們卻不瞭解，其實男人心裡所期待的，絕對不是一個一成不變的女人。當女人在抱怨不解男人的時候，男人何嘗又不是如此呢？看著眼前的女人，難免不會去想：剛和妳在一起，妳可不是這樣的，那時妳是那麼的有吸引力，惹得他心癢，可現在呢？嘮叨、囉嗦，惹他心煩。

這多半不是男人喜新厭舊了，而是女人的錯。追她的時候，高傲得像個公主，若即若離，吊足胃口，男人為她神魂顛倒，不惜使用各種浪漫「手段」奪取芳心。

當女人感受到男人的愛，便也把自己的愛一股腦地給了男人，而後的日子，女人想既然已經在一起了，就沒有必要再如當初那般擺出高姿態，沒有理由再若即若離，殊不知，男人卻偏愛那一味。

戀愛是場停不下來的追逐遊戲，可女人生性嚮往安穩的生活，一旦和男人確定戀愛關係後，她們就會傾向於被俘虜。男人可不這麼想，他們天生愛冒險，喜歡刺激，對待感情和另一半的態度也是如此。想想看，妳成了愛情的俘虜，但他卻依舊想要繼續戰鬥，無奈，他只好去尋找新的目標了。

戀愛這場遊戲雖然沒有真正的贏家，但不想成為輸家還是有跡可循的。不要把你追他或他追你當做開始，也不要把追到手當成終點，愛情是沒有終點的，追逐也該是持續性的，別停下腳步，才能讓他一直追逐妳。始終保持一些新鮮感、神祕感，才是征服男人的祕訣。

9 當個像貓一樣的女人

齊甜因為天生一副男孩子性格，所以成為了很多男生的摯友，其中關係最好的就數大學的一個學長阿明。阿明是台南人，畢業後就去了美國，這段時間來台北，就把齊甜約出來見面，齊甜爽快地答應了。

一連幾天齊甜都和大學社團的學長泡在一起，就像當年一樣。回想當年，他們也是成天在一起，很多同學都以為他們是一對，其實，他們的感情太純粹了。現在齊甜回想起來，便問學長，那時他是對自己一點意思都沒有嗎？學長笑著告訴齊甜，不至於一點意思都沒有，可能也曾經想過吧，但最後發現彼此比較適合當朋友。

既然齊甜問了，學長也反問齊甜，齊甜的回答倒是跌破學長的眼鏡，齊甜說，那時學長身邊很少有女性友人，就她一個，其他的都是男生，當時還以為學長是 Gay，後來畢業後聽說在美國交了女朋友，才確認不是。

學長聽了齊甜的話差點被氣死，一再強調自己很 Man 的，齊甜點頭如搗蒜，趕緊附和學長很 Man。兩個人聊到很晚，學長突然提議回母校看看，想和以前一樣在球場上喝酒。

齊甜也懷念起那段時光，兩個人就去了。

球場上，學長連喝了三罐啤酒，齊甜在一旁看著，便問：「有心事，說說吧。」

學長笑了笑：「被妳看出來了？」

學長於是把煩惱的事說了，是關於他們夫妻的。學長覺得剛結婚時，妻子是個不錯的人，可是現在結婚三、四年了，他越來越覺得被妻子逼得喘不過氣來，尤其是現在自己工作很忙，根本沒有那麼多時間和精力，覺得很難受。

「喂，該不會是你有外遇了吧？」齊甜問。

「當然不是，我愛我太太，只是妳知道嗎？我們都是成年人了，不是青少年談戀愛，但她現在還跟以前學生時代談戀愛一樣，每天都要黏著我，我知道這是因為她在乎我，可是也讓我覺得很累，連喘口氣的機會都沒有。她以前也算是個性滿獨立的人，可是現在呢？做什麼事情都要我陪，這也不算什麼，誰教我是她老公呢？可是她恨不得每天都黏著我，一點空間都不留，我現在連和哥們出去吃個飯都不行，只要我一去，她就說我不愛她，只愛朋友，妳說我該怎麼辦？」

第三隻眼看愛情

生活中，男人通常都是以堅強、獨立的一面示人，他會自願承擔起保護心愛女人的責任，甚至可以拚命工作，只是為了讓心愛的她不愁生活。儘管如此，作為女人的妳必須知道一點，男人自己想這樣做是一回事，而妳要求男人這樣做又是另一回事。

現在社會，男人通常要承受非常大的壓力，即使他們有能力滿足女人的所有需求，他們也希望另一半是獨立的女性，因為，太多的依賴會讓他們反感。也許妳會覺得男人很難懂，一方面大男人主義，希望另一半小鳥依人依附自己；另一方面又希望另一半能夠獨立，不要完全依賴自己。

事實上，這兩種關係完全不矛盾，尤其是對於想要獲得幸福的妳來說，更是至關重要。換言之，想要幸福，妳就必須讓自己在這兩種關係之中游刃有餘，讓妳的他愛妳而不嫌妳，並透過這兩種關係確認自己與他究竟是愛情，還是依賴成情。

一直搞不懂為什麼有些女人總把愛情當做背後的大山，把男人當做遮風擋雨的大樹，無論生活大小事，她們都要男人幫自己出謀劃策，無時無刻不圍著男人打轉。愛不是依靠，愛更不是「圍追堵截」。

這樣的女人是感情中的悲劇，也讓男人猜不透，戀愛初期，男人對妳容忍不是因為他們本性如此，而是為了得到妳，有些事他們必須要忍。追到妳之後，他們依舊愛妳，但無須再做那麼多，再加上熱戀的感覺一過，男人便會由最開始的激情澎湃變得冷靜沉著，他開始回顧你們的感情，重拾那些被妳搶佔的空間。自由的空間是男人的生命，如果妳想讓男人真的愛妳超過自己的「生命」，是非常不容易的！

男人喜歡貓一樣的女人，不僅因為貓乖巧，還因為貓總會有段時間喜歡獨處，這讓男人也得到了獨處的空間，使得他會更愛那隻貓。

女人該學著像貓一樣，不要只學皮毛，不要一戀愛就把自己的一切都丟給男人，更不要沒日沒夜地黏著他，盯著他……男人喜歡偶爾被女人黏著，但絕不願意從此被黏住！

10 別讓時間拖垮你們的幸福

金允恩結婚前和齊甜住在一起，那時齊甜一直有個疑問，明明允恩和陸凡在一起也有好幾年了，別人都想要趕緊結婚，以免荒廢青春，唯獨允恩遲遲不提結婚這檔事。大家聚會，陸凡說起結婚的事，允恩卻說不著急。

某次吃過晚飯，齊甜便決定問問。

「允恩，妳和陸凡談戀愛這麼久了，怎麼還不結婚啊！」齊甜一邊敷臉一邊問。

齊甜之所以突然有這樣的想法，是因為收到了表妹欣欣的結婚喜帖。

「幹麼啊，我媽都沒催我，妳催什麼啊！」允恩白了一眼齊甜。

「我表妹要結婚了，我想妳跟陸凡在一起這麼久了，也快點結一結吧！」

「哎……其實，陸凡和我說過一兩次，但是我沒回答他！」允恩嘆了口氣說。

「有病啊妳，幹麼不回他？」齊甜喊道。

「不知道，害怕吧，害怕以後會不幸福，不確定，有太多不確定，我不知道嫁給他以後會怎麼樣。」允恩低聲說道。其實齊甜也知道，允恩有這樣的想法，多半和她單親家庭的背景有關，所以，允恩天生比別的女人更缺乏安全感。

「可是允恩，幸福是要爭取的，沒有幾個女人結婚時能百分百肯定自己婚後一定會幸福，但只要有信心，妳和陸凡肯定會幸福的，我看好你們！」齊甜安慰道。

「不知道，我覺得自己比陸凡還膽小。面對婚姻，我是個膽小鬼！我總覺得在一起更久一點再談這個問題，可能會比較好吧！」

「再這樣下去，妳會比陸凡先患上婚姻恐懼症！」齊甜半開玩笑地說。

「婚姻恐懼症？」允恩不解地問。

「對啊，之前看到一篇文章，說男人和女人戀愛的時間越久越難結婚。很多人都以為戀愛久了自然而然就結婚了，其實正好相反，兩個人越戀會越乏味！」齊甜看了看允恩，接著說：「如果陸凡有意和妳結婚，就結吧，既然對彼此都感覺不錯，為什麼非要拖著呢？總是瞻前顧後、怕東怕西的，怎麼走一輩子啊？」齊甜說道。

允恩聽著齊甜的話，半天沒說話，這樣的事，她身邊的確也發生過不止一次，很多女性朋友和男友在一起七、八年，本來以為會自然而然地結婚，結果呢？自然而然地分手了。她和陸凡會不會這樣呢？可是結婚，允恩又覺得還沒有完全看透彼此的感情，這真是一個大難題。不過，現在他們真的結了婚後，允恩才發現自己過去對婚姻的恐懼，根本就是杞人憂天。

第三隻眼看愛情

越戀越不婚是現在一個很現實的問題，男人和女人們動不動就開展一段馬拉松式的愛情長跑，跑到最後，到終點的大都只剩一個人了。

其實，男人和女人在戀愛的過程中，各自都會有那麼一段時間特別衝動想結婚，而後這種感覺會慢慢擱淺，兩個人也會從相互吸引到相互厭煩。

婚姻很多時候就像是一部連續劇，看第一遍真的很吸引，但若讓你反反覆覆地看上十幾遍，到最後只有大概一種感覺——噁心。

無論男人女人，結婚，其實都需要一種衝動。無數實例證明，兩人相戀越久，結婚的穩定指數就越低，因為兩人長時間相處已經與結婚沒兩樣了，幾年下來，男人覺得索然無味，女人覺得疲憊不堪，免不了一拍兩散。

不過，這個道理，大多數女人都參不透。女人天性細膩，喜歡比較，也擅長比較，總要花上一大筆時間去考核婚姻的成功率。不斷去驗證，他愛我嗎？我們會幸福嗎？他以後會給我幸福的生活嗎？……諸如此類，沒完沒了，一遍接著一遍。

戀愛對男人而言，從不許太多考慮，你情我願即可；但婚姻對女人而言卻不同，此時的女人就像是一個精明的「會計」，反反覆覆計算著婚姻中可能出現的壞賬，不想損失一丁點利益。一遍一遍，反覆比對，計算……

結婚不是件小事，的確得細心、耐心、用心，但即便如此，結婚還是經不起太精細的琢磨。沒結婚前，誰也下不了幸福或不幸這個結論，無論她是誰，都是如此。如果妳愛這個男人，就別婆婆媽媽、反反覆覆計算婚姻可能發生的得失，不斷地思考「該不該」的問題，沒有真的進入婚姻，又怎麼知道呢？

Chapter 6

下一步，婚姻……其實我們都害怕

愛情是場戰役，男女各據一方，輸贏不重要，在於誰被誰征服。
很多人認為，一旦一方被另一方征服，愛情的戰役便結束了，
兩個人開始熱戀，而後是順其自然地結婚、生活。
但事實上，婚姻生活並非那麼順其自然，那麼平靜，
相反地，婚姻是愛情戰役的一種延續，只會更加激烈，
需要更多的迂迴與謀略……

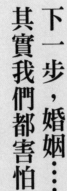

1 婚姻不是「終點」，而是「新的開始」

金允恩在結婚之前，最怕陸凡提到「結婚」兩個字，原因不是她不夠愛陸凡，而是她打從心底對婚姻感到害怕。

誰說感情中只有男人會懼怕結婚，女人也是如此，而且女人的害怕更甚於男人，為什麼呢？因為她擔心婚後男人對自己不如從前，她害怕結了婚便再也回不到以前，尤其是那句被很多人掛在嘴邊的俗話——「婚姻是愛情的墳墓」。

想想看，誰不害怕呢，這可是要將一輩子託付給那個人啊！每當允恩這樣說的時候，齊甜總是會回允恩一句，「不合適再換吧！」允恩每次聽到齊甜這麼說，都想賞她一耳光，一聽就知道是單身女人才會說的話，根本不瞭解她這種與男友已交往很長時間的女人，在論及婚嫁時所面對的恐懼。

允恩告訴齊甜，交往這麼久，最害怕的事情就是「換」，傷人傷心，勞心勞力。

齊甜聽到允恩的話，總是撇撇嘴，說允恩這是赤裸裸地歧視已過適婚年齡的單身女子，再說，結婚難道就不是一種重新開始嗎？她不明白，為什麼允恩總是把婚姻想得那麼悲觀，她看自己父母相處了一輩子，也挺好的啊。

允恩聽齊甜那麼說，不禁開始思考，「起點？新的開始？可能老一輩是這樣的吧，那時候不流行什麼同居試婚，現在呢？結婚前大家都住在一起，生活在一起，婚後還有什麼新的開始可言？就算是，那也是男人們更可以肆無忌憚，覺得妳不會輕易跑掉了，便可以不那麼認真地對待妳了。」

齊甜覺得自己說不過允恩，悻悻然地去洗澡了。

允恩一個人坐在沙發上想這個問題，想得有些頭痛，正巧這時陸凡發來簡訊，她決定和陸凡討論一下這個深奧的人生課題。

第二隻眼看愛情

現實生活中，像允恩這樣對婚姻有所擔憂的女人不少，但婚姻到底是終點還是起點呢？它到底是不是愛情的終結呢？

答案很明確，當然不是。有句話說得好，「如果妳看重某件東西，最好的解決方案就是買下它；如果妳看重某個人，最好的解決方法就是嫁給他。」由此可見，婚姻不是愛情的終結，相反地，是一個新的開始，是解決難題的唯一辦法。

對很多沒有結婚的女人來說，婚姻之所以讓她們覺得恐懼，多半是因為聽了太多有關婚後愛情變質的故事，因此對婚姻充滿了恐懼和失望，不免在心裡暗暗發誓——「我才不要和她們一樣」。

或許婚後愛情真的會變質，但卻不像你所聽說的那樣危言聳聽——「愛情墳墓」。婚後的愛情之所以變質，那是因為，婚後彼此的感情會從原來的感覺變成另一種形式的感覺，但這不代表你們不再相愛了。

誠然，這裡必須要說明一點，婚後的愛情再美滿，也不會有那種怦然心動、廢寢忘食、夜不能寐的感覺了。但是妳也會發現，每當遇到一些問題、難題時，對方的一句話卻能讓妳覺得心安。你們不會再像以前那樣，二十四小時想著彼此，不時打電話、傳簡訊，相反地，往往一整天也不會發個簡訊給對方，但只要一有好吃的、好玩的，第一個想到的人絕對會是另一半。

有人曾說過，幸福的最佳狀態是安穩而平靜，因為太過激烈難免會讓人喘不過氣，只有這種不是非常快樂、也不是非常悲傷的狀態，才是最接近幸福的常態。因此，無數專家才會這樣論斷，婚後的生活比婚前的生活更接近幸福；而婚前的生活比婚後的生活更充滿了激情。

妳得判斷自己要什麼，是要一輩子的幸福，還是一時的激情？

2 女人結婚前請準備好「自信」

美可聽說珊珊要回國了，心裡便開始忐忑。珊珊是美可大學時的朋友，拜金、很愛炫耀的一個女人，後來據說嫁了個有錢的老公，現在日子過得非常好。

美可心想，這次珊珊回國肯定會找她，怪不得上週珊珊在臉書上跟她要電話。

一想到要和珊珊碰面，美可開始有些擔憂，珊珊一定會拚命和自己比較，大學時珊珊從來沒有比輸過，可是現在，美可心慌了，不是傑森不夠好，而是他的現狀肯定會讓珊珊指教個沒完。她不想在珊珊面前表現得很失敗，反覆猶豫了很久，美可終於打了電話給一位之前曾交往過的男人，那個男人和美可之間的關係有點不一樣，因為他有老婆，美可也知道，而且他比美可大了二十歲，他們之間更像是包養的關係。美可和這個男人的關係開始於大學二年級，那時也是為了和珊珊比，於是就糊裡糊塗地答應了那個男人。這樣的關係持續了三年左右，後來美可認識了傑森，才和男人斷了關係，只不過那男人不知道美可是因為傑森才和自己分開。因為那時這男人的老婆似乎察覺了什麼，他不得不和美可斷了來往。後來男人又來找美可，覺得美可跟自己也三年了，自己當初承諾的結婚自然不可能實現了，決定買輛車補償美可。當時美可拒絕了，因為想和男人斷得徹底，打算好好和傑森在一起。

這一次，美可還是因為不想被比下去，打了電話給那個男人，問他所說的補償還算不算數，男人一聽馬上答應，就和美可約了地方。見到美可後，男人一副抱歉的樣子，把車鑰匙給美可，說雖然不能結婚，還是可以在一起的，等過段時間老婆去了美國他就來找美可。美可簡單應付了男人幾句，便到男人說的地下停車場去取他送的那部車，男人則因為老婆最近看得特別緊，趕忙走了。

美可很快找到了那輛車，一輛銀色的奧迪A6，全新的，連內裝的保護膜都還在。美可發動車子朝商場駛去，決定再買幾套衣服，也給傑森買了一套，她想到時珊珊肯定也會想見見傑森。

一切準備好後，美可便回家了，在樓下剛好碰到傑森。傑森見美可開車回來很詫異，便問緣由，美可只說是家人買的，還要傑森去試穿她今天幫他買的衣服，傑森問美可為什麼買這麼貴的衣服，美可只說過幾天朋友會來，到時候要他穿著去見朋友，還叮囑傑森，如果對方問起來，不要說工作室是跟別人合開的，就說是自己開的，傑森聽了美可的話，心裡很不高興，但嘴上也沒說什麼。

第三隻眼看愛情

現實中是否發現這樣一個奇怪的現象，若是一個很久不見的朋友，突然在路上遇見了，她若非常主動地和妳打招呼，還樂於跟妳坐下來喝杯茶聊聊天，那多半說明她現在過得很順心，嫁了個很不錯的老公；而一旦她很勉強地和妳打招呼，並儘快和妳道別，那多半是因為她現在過得不太如意，當然排除她有急事的可能性。

結婚以後，遇見多年不見的好友，妳會主動打招呼，還是趕快走開呢？這多半取決於妳對自己現狀的信心。

在決定婚姻成敗的各種因素中，女人的自信心非常重要，為什麼這麼說呢？一個對自己不太有自信的女人，常常會被一些稀奇古怪的男人吸引，這是因為她們不認為自己夠好，因此也會找一個不那麼好的男人結婚，她們認為這樣才是平衡的，這期間若是有個白馬王子看上了她，她一定會害怕地逃走。

相反地，某些不那麼出眾的女人，因為有自信卻能找到一個很優秀的男人，並且一起過著幸福美滿日子，這種女人往往有一種獨特的氣質，自信滿滿。對這樣的女人而言，婚後過上幸福生活的要素並不僅僅是金錢和相貌。

這樣的女人更懂得如何經營自己的婚姻，因而常常擁有美滿的家庭，她們不會用外在事物來衡量或埋怨身邊的男人，因此讓男人覺得很自在，彼此的感情自然會非常穩定。男人也會變得更加有動力為家庭努力，久而久之，日子自然越過越好。

很多婚姻失敗的女人有一部分是因為缺乏自信，所以常不自覺得想要和別人的婚姻比較，一旦自己不如人，就會抱怨。要知道，這是婚姻中最悲哀的事情。而導致這種悲哀的場合，往往就是同學聚會或朋友聚會，看到人家嫁了有錢的老公，穿戴名牌，心裡就會不爽，難受得要死，回家便和老公一頓爭吵。

這其實是眾多女人的通病，女人們大都抱著「比朋友或同學好一點就行」的心理過生活。可這樣談何容易，就算有錢了，也未必處處都比別人好一點。

那麼就只能一輩子難受嗎？當然不，擺脫它的方法很簡單，那就是培養強悍的自信心。並不是要妳每天對著鏡子大喊「我最棒」、「我比你們都厲害」而是要妳分清楚，「她是她的，妳是妳的。」沒有必要比較。如果想要擁有一段成功的婚姻，那麼在將男友變成老公之前，請先鍛鍊妳強大的自信心吧。

3 誓言是婚姻中的「廢話」

這是金允恩結婚後姊妹們第二次聚會。婚後的允恩總是沒時間，她發現有大把大把的家務等著自己去做，而男人們只會做表面功夫，根本不能指望他。

齊甜見到允恩後先來了個熊抱，然後問允恩是怎麼回事，連續好幾次聚會都不來。允恩一臉無奈地說自己也沒辦法，前陣子是陸凡家人的事，他的一個表弟要來台北上大學，但分數不高，陸凡在那學校有認識的人，但覺得自己不太會求人辦事，所以只能由允恩出面。最近則是因為買了新房子，忙著裝修，允恩不相信陸凡的眼光，只好自己去監工，累得要死。

崔家橙聽著允恩悲慘的經歷，最後丟給她兩個字——活該！允恩不服氣地問為什麼她活該，家橙笑著說：「明明可以丟給男人辦的事，妳非得衝到前面去做，妳這不是活該嗎？」

允恩聽著家橙的話，一臉不屑地說：「妳這就是典型的城外人作風！」

齊甜納悶，問什麼是「城外人」，允恩笑著說是圍城外面的人。這些事的確是可以交給男人做沒錯，可是結了婚後就會發現，「婚後一切由他來做，妳什麼都不用動手，當公主就好了」這種話都是廢話，為什麼呢？因為大多數情況下，男人做得都很差，這時妳就不得不主動攬過來來做，而這些事情往往是吃力不討好的。

男人們覺得明明他已經做了，妳覺得做得不好而接手，又不是他要求妳做的，所以再苦、再累也是因為妳自己不滿意，人家才不會感激妳，反而還會抱怨，看著妳累死累活，說不定也會說妳「活該」。如果真的放手不管呢？大部分女人都做不到，允恩說，反正自己是做不到的。就拿自己家裝修這事來說吧，陸凡說監工很累，就要允恩別管，他來看就好，允恩同意了，結果過了一個多月，問陸凡進度，竟然一問三不知，再問他最近有沒有去看看裝修現場，他竟然一副無所謂地說，「反正裝修公司會處理。」結果，那天在允恩再三要求下，他們一起去新房子，一看全都愣住了，屋裡幾個負責裝修的工人，下午三四點了還沒有開工，竟然聚在客廳打牌呢，而且廚房的裝修也跟當初說好的完全不同，客廳鋪的地板也不是最初訂的……允恩當下就急了，陸凡也傻眼了。之後，允恩找裝修公司理論，他們態度還算好，答應把客廳的地板拆了重新弄，廚房也是。這一次允恩只好自己親自來監工，不然好好一間新房子這樣來回折騰，都快變成老房子了。

齊甜聽了點點頭，說：「也是，男人嘴上說不讓妳動手，可是他們自己又不認真處理，最後還是得妳出馬，誰教妳們是一家人了呢！」

允恩點點頭說：「所以說啊，千萬不要相信男人婚前的承諾，什麼絕不讓妳操勞，疼妳一輩子之類的，說得比唱得還好聽，妳會發現，婚後他根本什麼也做不到。難道兩個人妳過妳的，我過我的？當然不是，他做不好的時候妳就得去做，說不定他早就知道這點了，所以婚前大肆承諾，讓妳誤以為自己婚後會成為最幸福的公主，其實是成了最勤勞的女僕。」

一直沒有說話的段美旭非常贊同允恩的話，經歷過一次傷心分手的她，覺得戀愛中的誓言都是胡扯，更何況是婚姻中的許諾。戀愛中的男人為了哄妳、留住妳，誓言至少還說得精心浪漫，婚後的男人呢，認為妳既然都嫁給他了，還能怎麼樣呢，誓言往往也說得比較敷衍，妳要是指望著誓言成真，那就真的是在做夢了。與其靠男人說的誓言幻想過上幸福的日子，還不如靠自己努力比較實際。

允恩覺得美旭說得太精闢了，就是這樣沒錯！別總想著男人說過他會如何讓你們的生活更幸福，其實都是廢話，好聽的話誰都會說，但真的要去實踐時，往往還需要靠自己去努力爭取。如果哪個女人輕信男人的誓言，坐等幸福，等到最後，換來的恐怕就是一紙離婚協議。

第三隻眼看愛情

誓言到底值多少錢？這樣問題的難度不亞於回答「永遠有多遠？」其實答案都是相對的，誓言對任何一個女人而言都是生活中不可或缺，尤其是在戀愛中、婚姻裡，沒有誓言似乎就少了些什麼，它就像調味料，能讓生活變得更有滋味。但它終究只是調味料而已，就像是喝湯時要放胡椒粉一樣，少許添加能讓湯更加鮮美，要是多了，就會毀了一鍋好湯。這也說明了誓言之於感情的關係，它對女人而言必不可少，女人對它卻也不能全信，至少不能依靠誓言過日子。

男人告訴妳，他愛妳，不會讓妳做任何家務，但不難發現，婚後女人們還是要操持家務，就算嫁入豪門，有無數的幫傭，妳多少還是要做家務的，不可能避免，而這時妳若糾結於男人之前說的誓言，堅決不做，或做了之後就找男人理論，那日子就難過了。對於當時那些動聽的誓言，聽聽就好，不能太當真，不然只會讓自己更難過。

男人說的未必不是真的，但女人也該知道，誓言終究是誓言，信誓旦旦說的話只能說明男人那時比較用心，並不代表一定能成為現實。與其坐等誓言實現，為什麼不試著自己努力呢？也許男人也覺得納悶，明明只是自己一時興起說的話，又不是不負責，女人未免也太當真了吧，還動不動就拿出這句話來質問，讓男人感到很厭煩，甚至覺得女人無理取鬧……

聰明的女人就該懂，誓言只能拿來調劑身心，不能太當真，靠自己去完成最實在。

4 錢和婚姻，男女都敏感！

週六早上美可的手機響了，是珊珊打來的，美可猶豫了一下，按下接聽鍵。

「喂，珊珊嗎？」美可問道。

「對啊，美可妳在哪兒？我回台灣了！剛下飛機。」話筒那頭傳來一陣尖銳的女聲。

「不是早就要回來嗎？怎麼現在才來？」

「我老公非要我陪他去法國一趟，煩人得很。我還在機場，妳在哪裡？」珊珊笑著說。

「我在家，妳等我一下吧，我開車去接妳！」美可掛掉電話，簡單收拾就出門了。

到了機場，美可撥通珊珊的電話，兩人約在機場出口見。

珊珊老遠就看到美可，揮手示意。

「美可啊，妳越來越漂亮啦！」珊珊一身歐美名牌，邊扭著屁股邊說。

「我哪能跟妳比啊！走吧，車子停在地下停車場！」兩人往停車場走去。

「這是妳的車啊，不錯啊！」珊珊擺著她的屁股說道。

「在國外人眼裡不算什麼吧，呵呵，上車，我請妳吃飯！」美可笑著打開車門。

「我請妳，找家好點的飯店，我請妳！」珊珊笑著說。

餐廳中。

「美可，妳什麼時候結婚啊，有沒有合適的對象，要不要我幫妳介紹一個？我認識很多有錢又帥氣的男人！」剛落座，珊珊就說個不停。

美可笑著趕忙岔開話題：「知道妳結婚後可幸福啦，當初怎麼沒寄喜帖給我！」

「我那時在美國結婚的，也沒擺喜酒，呵呵。我老公過段時間回國，我們會在國內辦一場，到時候妳要當我的伴娘，就這麼說定了！」

「好啊！」

「美可，妳在台北待得比較久，幫我留意一下好的房子，六十坪左右，要在精華地段！」珊珊說道。

「怎麼，妳發財了？」

「我結婚之初就和我老公說了，必須給我在台北買間房子，這年頭沒房子誰要結婚啊！」珊珊笑著說。

「不回美國了？」美可問她。

「暫時不回去，我老公過段時間也會回來定居了，其實還是留在台北好，在外國不舒服。」珊珊喝了一口果汁說道，「對了，美可妳有男朋友了吧！」

「呵呵，是的……」美可笑著答應。

「怎麼不帶出來給我看看，長得帥嗎？有錢嗎？」珊珊熱切地說。

「還好吧，不能和妳老公比，一般般而已！」

「什麼比不比的，只要對妳好就夠了，一會兒帶我去見見他吧，就這麼決定了！」

珊珊沒給美可說話的機會。

美可只好發一封簡訊給傑森，說晚點會帶一個朋友過去。

吃完飯後，美可帶著珊珊來到傑森的工作室。珊珊對美可說：「不錯哦，長得挺帥的呢，也算個創業的小老闆哦！你們什麼時候認識的？」

美可想了一會兒，告訴珊珊：「認識很長時間了！」

「那就快點結婚吧，現在婚姻市場告急，說不定哪天就被人搶走了哦！」珊珊開玩笑地說。這話讓傑森聽到了，他比較敏感，想到崔家橙的事，不禁有些尷尬，藉口去煮咖啡。

「再等等吧，現在都還不穩定，等換個大點的房子再說吧！」這話倒是美可的真心話，就算傑森現在真的向美可求婚，美可也未必會答應，不是因為拜金，而是對美可這樣的女人來說，房子和婚禮同樣重要，房子能給予美可想要的安全感。

接下來的話題，珊珊就繞著房子展開了，一邊笑一邊描述自己在美國的房子裝潢花了多少錢，面積有多大，還有游泳池等等，美可聽著倒無所謂，她早知道珊珊的為人，剛才在餐廳沒炫耀，找到機會還是會炫耀的，但傑森聽了很不舒服，之後還為了這件事和美可吵了一架。

晚上，美可一個人坐在陽台上抽菸，她左思右想，原來傑森終究不是那個適合自己的人，兩個人同樣敏感、執著，糾纏在一起只會越攪越亂。傑森已經不止一次詢問關於美可的家世背景，或許他已經開始懷疑美可，只是每個月做點兼職怎麼買得起名貴的衣服和汽車，除非她生在富裕的家庭，可美可偏偏對此一個字也不提。

臥室裡，傑森也是翻來覆去睡不著，他不清楚美可到底適不適合自己，兩個人最初的結合似乎就是意外，再一想，美可說沒房子暫時不考慮結婚，傑森覺得美可或許是看不起自己……

房子和金錢，這是女人的感情生活，尤其是婚姻生活必須考慮的因素，我們不能因此一概而論說她們現實、拜金，她們為了安全感考慮這些並沒有錯，若一定要說，只能說這樣的女人對生活不夠自信吧！

的確，問女人心中理想的相親對象要具備什麼條件？做作的女人會告訴你，要善良、勇敢、有男子氣概，而誠實一點的女人則會告訴你，最起碼得有間房子且人品不差。

也許你會說這樣的女人太過現實，眼裡只看到錢，要房子不要感情，畢竟在現今這個時代，一間房子也算值千金了。你大可以責罵女人沒骨氣，一間房子就能擺平，但大部分女人畢竟只是普通女人，沒那麼多的宏圖偉志和理想抱負，一心只是想要安穩的生活。

對現代女人而言，男人的魅力多少是建立在資產上的，這也是為什麼帥哥越來越沒市場。因為沒錢的女人太多，在她們眼裡，一間房子勝過一百個帥哥，不要覺得好笑，這絕對是現代女人選擇婚姻的不二真理。

面對女人這種心態，男人們自認為無法理解，甚至覺得女人是在侮辱自己，看不起自己，房子之於感情，真的那麼重要嗎？作為女人的我可以非常肯定地告訴你，對於百分之九十以上的女人來說，房子之於婚姻就是那麼重要！

無論哪個時代，男女對婚姻的看法都不可能一樣，對大部分男人來說，婚姻是他們生活的起點，結婚，成家，他們便開始奮鬥立業了；但對於女人而言，婚姻卻是一種歸宿，成家的目的就是為了安穩，不再漂泊。換言之，男人的黃金時期永遠在成家之後，而女人的黃金歲月卻常常在三十歲之前。

女人對外評價自己的婚姻生活是否幸福，不外乎說自己住多大的房子，裝潢得如何，家具是進口還是訂做的，有沒有私人花園和游泳池……大到房子外觀，小到室內裝飾，都顯示女人背後那位男人的實力。

你可以說她虛榮、愛比較、缺乏安全感……但這是天性使然，是刻在女人骨子裡的，絕非一段完美的愛情就能輕鬆抹去。

女人的心經不起動盪，因此，女人不在乎別人怎麼說，她們終其一生都在尋找一個安穩的家，從物質方面來理解，便是一個可以容得下女人虛榮的房子。房子裝的不僅僅是她的人，還有那顆害怕動盪的心，一個先談房子、金錢而後婚姻的女人，你不能說她不配去愛，也不能說她太勢利，她不過是太缺乏安全感了！

5 男人都有恐婚症？

允恩和陸凡結婚前一天，就像國外電影中演的那樣，分別為自己留了一個晚上，算是向自己的單身生活告別。允恩肯定和姊妹們聚在一起喝酒聊天，有哭有笑。陸凡也和自己的哥們聚在一起，不過允恩她們是在家裡，聊著姊妹之間的八卦，而陸凡他們約在酒吧，依陸凡朋友的說法是，「最後一次，正妹看個夠！」

一群男人在酒吧裡，邊喝酒邊聊天，多數人都是半開玩笑地挖苦陸凡自投羅網，既然允恩不急著結婚，他急什麼呢？難道單身自由自在的不好嗎？

陸凡只笑著搖頭不說話。說實話，他現在心靈深處對明日的婚禮有些恐懼，不知道為什麼，可能因為緊張，可緊張什麼呢？怕明日婚禮進行的不順利，其實陸凡知道，不是的，他害怕的是自己其實還留戀單身生活，既然留戀，為什麼還要結婚呢？朋友們都開玩笑問陸凡，陸凡只說可能擔心的感覺不比想和允恩結婚的感覺來得明顯，所以結婚的渴望占了上風。

來參加陸凡告別單身派對的一共有七個人，其中三個已經結婚了，他們聽到陸凡剛才說的話，都一副故意作嘔的樣子，其中一個告訴陸凡，等婚後他就會後悔，女人啊，結婚前和結婚後是完全不一樣的兩個人。

陸凡好奇地問怎麼不同，那朋友回答，別的不說，光從性這件事來說就大不如從前，婚前女人很配合，你們很和諧，可是婚後，尤其是結婚兩三年以後，你就會明顯感覺這方面越來越不和諧。不是你想要的時候她沒興趣，就是她有興趣的時候越來越少，尤其是有了孩子以後。眾人一聽就瞎起鬨，要不要今晚上找個女人共度良宵。

陸凡給了說這話的哥們一拳，告訴他自己才不是那種人。

另一個已婚的男人也有話說，他說女人沒結婚前，可能因為覺得還沒有那一紙證書，對你還算是好的，等結了婚，法律保障了她的地位後，她就開始肆無忌憚的要求。好比今天，說好了來參加哥們的單身派對，可是她仍然要求我十二點前必須回家，還說這次算是法外開恩，所以我待會兒就得先走了，不然回家又有的受了。大家聽完這話，都笑他是個ＰＴＴ（怕太太）協會的鑽石級會員，他也只能無奈地陪笑，不時看看手錶，怕過了回去的時間。

聽著哥們你一言我一語的議論，陸凡對明日婚禮的恐懼感似乎又增多了。

第三隻眼看愛情

是不是現實中的男人都有恐婚症？

所以他們才會一聽到結婚就渾身不對勁，不到萬不得已絕不結婚，甚至對某些男人來說，結婚是最下下策的選擇，只要有機會，無不想盡辦法拖延結婚。就像陸凡那幾個始終未婚的哥們，都有交往很久的對象，彼此也合得來，但他們一想到婚姻就覺得好沉重。

這其實和男人的天性有關，他們天性喜歡追逐，而婚姻通常要求他們自此放棄追逐，只能守著一個女人。而女人卻又剛好和男人相反，結婚後女人最想要安穩，反而會讓男人們感到更加乏味，因而害怕結婚。

除此之外，男人害怕結婚還跟很多他們所看到的婚姻現狀有關，很多未婚的男人看到自己父母那一輩的婚姻，總是被生活所拖磨，也會讓他們擔憂，是否自己結婚後也會變成這樣，再加上身邊一些結了婚的朋友們老是羨慕未婚的人，也讓他們覺得是否未婚真的比結婚要好。

男人生性比女人更熱愛自由，而再愛玩的女人，一旦找到一個她認定的人，結婚後也會收斂起來，變身成完全的家庭主婦摸樣。男人婚後依舊渴望擁有個人空間，偶爾和哥們一起聚聚，欣賞一下身邊的美女，其實這並不會影響他和妳之間的感情，說不定反而更有利於你們的關係。適當的距離才會讓他感到舒服，只是女人不懂，婚後恨不得把男人天天裝在包裡，二十四小時監管，這只會讓男人感到恐懼與不舒服，即便他不反抗，也只能說明他的忍耐力好。

如果一個愛妳的男人在結婚前或準備和妳結婚時表現出惶恐，妳大可不必驚慌失措地以為他不愛妳了，那純屬正常反應，就好比高空彈跳一樣，任何人都會經過一番內心掙扎才跳下去，畢竟頭也不回跳下去的人還是少數。這個階段也剛好能考驗男人愛妳的程度，因為惶恐，他才會去思考很多事情，當他最後還是義無反顧和妳結婚時，就說明妳在他心裡真的非常重要，至少戰勝了他所有的顧慮；而一旦某個男人思前想後之後決定暫不結婚，那妳也可以判他出局了，因為妳在他眼裡，還不及他的顧慮重要。

6 多金男更適合成為結婚對象嗎？

金允恩和陸凡結婚前也曾有過一小段時間的感情動搖，只不過除了允恩自己之外，誰也不知道，包括崔家橙她們。

允恩知道夏正南對自己有意思，也知道他很用心，有很長一段時間，大約兩三個月吧，夏正南每天都會送一束允恩喜歡的玫瑰到她公司，讓同事們非常羨慕。大家還都以為是允恩男友陸凡送的，因為小卡片上除了一個笑臉之外，什麼落款也沒有。每天下班，夏正南都會開車在地下停車場等允恩，他知道她會去取車，然後問她一聲「花收到沒？喜歡嗎？」順便再告訴允恩自己一直在等她接受他的邀請，共進晚餐。雖然每次允恩都回絕了，但夏正南還是堅持每天都這樣做。

允恩的心不是鐵打的，有人對自己好，時間久了也難免心軟。

那天晚會上明彩故意整自己，幸好夏正南出手解圍，所以允恩答終於答應了他的邀請，兩個人一起吃了頓飯。

後來的一段時間，因為夏正南把公司的一個年度會議交給允恩的企劃公司來做，兩個人有了工作的交集，也常常見面。夏正南便常找允恩吃飯，允恩也多數同意了。

有一次，夏正南特地準備了一份禮物給允恩，要求允恩一定要收下。百般推辭不掉，只好接受，打開一看，竟然是卡地亞的手鍊，允恩堅決退還，夏正南卻要求允恩無論如何一定要收下，最後兩個人僵持不下。夏正南說，不要的話就直接丟掉，無奈，允恩只好收下。也是那天，夏正南正式地向允恩告白，雖然之前夏正南也曾提過對允恩有好感，但未曾這樣正式和認真，希望允恩能給他一次機會。說實話，任何一個女人面對這樣深情款款又多金的男人，多少都會把持不住。那天晚上回家之後，允恩的心有了小小悸動，但是非常短暫，她很快地把自己拉回了現實。

怎麼能動搖呢？難道自己也是拜金一族？誠然，夏正南在自己面前的表現接近完美的男人形象，可他畢竟不適合自己，愛情和婚姻不會因為一時的完美形象就能維持一生。還是陸凡最適合自己，雖然他沒那麼紳士，沒那麼浪漫，也沒有那麼有錢，可他是願意配合自己的腳步一起往前的男人，而夏正南呢？允恩非常清楚，他有錢有勢，一定是希望別人跟隨自己生活步調來生活的人，那不是允恩想要的。她想要的，是一段或許平凡但卻完全能夠自主的愛情。

允恩正心煩著，其實是自找煩惱，於是決定上網逛逛，剛登錄上 Line 就收到同事愛莎的訊息，兩個人聊了起來。愛莎開玩笑地問允恩，最近是不是桃花運氾濫啊，那位多金又帥氣的夏總一直來找她，讓她們這些女同事看了都好嫉妒。

允恩只是淡淡地說不用羨慕，自己跟他毫無關係。愛莎因為剛來公司不久，不知道允恩有男友，就問允恩為什麼不接受，難得遇到那麼有錢又肯對自己好的男人。允恩也承認夏正南對自己的確很好，但那種好不免有些不真實，若只是談戀愛，他應該是個不錯的對象，但是談婚論嫁的話，夏正南總是少了點什麼，至於是什麼，允恩也說不上來。

第二隻眼看愛情

人們常說經濟基礎決定上層建築，因此，很多女人在找結婚對象時，把重點鎖定在經濟基礎上，單純地認為經濟基礎好的男人，自然適合談婚論嫁，卻不知道有錢不一定適合自己。要和妳過一輩的是這個男人，而非他的錢。誠然，有錢會讓生活變得輕鬆些，但僅局限在物質上，精神上未必如此。男人有了堅實的經濟基礎，也意味著他將成為很多女人眼中適合談婚論嫁的對象，妳每天都得面對很多強大的競爭對手。而一個男人的經濟實力很強大時，他也會把感情看得較淡，不是他不愛妳，而是他很難只愛妳一個。

其實，經濟基礎不一定是越強越好，最重要是適合。好比選房子居住，明明兩房一廳的房子剛好，卻非要貪多選一棟別墅，結果空了十幾個房間，夜裡反而因為害怕睡不好，久而久之，住得也不開心。

結婚更是如此，選適合的遠比選經濟基礎好的重要，當然也不排除那些既有經濟基礎又適合妳的男人。但無論是哪種情況，女人始終需要記住一點，別人的永遠不會成為自己的，人家的地基就算是能蓋摩天大樓，頂多也只能給妳一間居住，其他的還是人家的。因為有太多東西需要顧及，反而不太能顧及到妳，相反地，有些男人的地基只能蓋一棟小木屋，但他卻能將妳視為珍寶，妳又何必計較太多呢？

7 過了適婚年齡的男人，比女人更擔心婚後生活

崔家橙今天參加了一個客戶的婚禮，其實她本人不大喜歡那種場合，難免傷感，但出於工作的關係，不得不去。準備好禮物後，崔家橙約了金允恩一起去，因為不想獨自面對這種場合，總會被人問起——「崔小姐現在結婚了嗎？」作為一個即將三十歲的女人，若此時回答「哦，我單身」，必然會遭到不少人的白眼，尤其是那些早早就嫁入豪門當少奶奶的女人們。

婚禮上，允恩四處瀏覽，覺得家橙這個客戶的排場還真不小，再看看正準備出場的新娘和她的新婚老公，感覺年紀都不小了。允恩小聲在家橙耳邊問：「妳這個女客戶至少也有三十五、六了吧？」

家橙看了看，轉頭對允恩說：「再加五六歲。」

「真的？再婚嗎？」允恩有些八卦地問。

「第一次結婚，和男方一樣，聽說男方背景挺不錯的。比女的大十一歲，不過妳看，其實看不太出來，這就是男人和女人差別，男人三十歲後才是最具成熟魅力的時

候，一直能持續到五十歲，而女人呢，三十歲以後就開始走下坡路了。我這個客戶結婚前還有些擔心，覺得自己現在才結婚，不知會不會遇到很多婚姻問題。」家橙小聲地說。

婚禮很順利，賓客都挺開心的，新娘有點喝多了，過來找家橙，說有的沒的話，還說一直把家橙當成妹妹看待，她下週要在新加坡舉行一場遊輪派對，邀請的都是自己的姊妹，請家橙務必參加。她側目看到一旁的允恩，叫允恩也一起來，家橙和允恩來不及推辭，新娘只說句「就這麼定了」，便被她老公攙扶著走了。

遊輪派對上。

這的確是場姊妹聚會，她們年紀大多和女客戶相仿，倒是她老公顯得有些拘謹。家橙和允恩也有類似的感覺，只好坐在一邊看她們姊妹們喝酒、聊天，出於禮貌，也不得不和女客戶的老公隨意聊聊。

「你看她們玩得還挺開心，我在一旁就完全無法融入，現在腸胃也不好，很少喝酒了。」女客戶的老公說。

「少喝酒對身體好。」家橙有些尷尬地回答道。

「不一樣啊，妳們年紀都還輕，還不懂。其實我本來也想辦個派對，找我的朋友們聚一聚，不過他們啊，早婚的都當爺爺了，要不就是得在家陪孩子。想想也是，現在也不能喝酒了，不比年輕時候，都是一群老頭子了，呵呵。」女客戶的老公說著，喝了一口礦泉水。

「我看您和她挺相配的。」允恩說道。

「我倒覺得自己配不上她，她是不個不錯的女人，只是我年紀太大了，結婚前也有不少擔憂呢，我都過半百了，她又比我小十幾歲，過不了多久我就是個真正的老頭了，而她還算年輕，我怕照顧不了她，耽誤她……」客戶的老公嘆了口氣說，隨即又笑了笑：「妳看我，又杞人憂天了，走，我們也過去吧，喝點酒熱鬧一下，哈哈……」男人笑得很爽朗。儘管他已經年過五十，但保養得不錯，只是那番話讓允恩和家橙有些詫異，過去她們一直以為男人應該不太在乎年齡，卻沒想到原來男人也會擔憂。

現實生活中，男人往往比女人更擔憂因年齡差距或年紀太大導致的婚姻問題。男人渴望主導，無論在事業上還是感情中，可一旦他要和一個比自己小很多的女人結婚，或者當自己年紀很大才結婚時，他就開始擔心了，擔心程度往往比女人還要多。

雖然他們並不會像女人那樣傾訴出來，但他們依舊會和女人一樣，擔心年紀小很多女人結婚後會因為遇到更好的男人而拋棄自己，也擔心隨著年紀逐漸增長，和女人之間的代溝會越來越多。

這也是為什麼很多人常說年紀大的男人比較疼老婆，那是出於男人的恐懼。當他覺得自己年齡沒有優勢能留住一個女人時，他就必須透過其他方式來留住女人的心。當然這麼說，還要看他是否真的愛這個女人，因為愛所以才會在乎，才會介意，才會想做得更好，如果不愛，恐怕也不會有諸多的擔憂了。

Chapter 7

我們結婚了，接下來怎麼辦？

結婚容易，一場酒席，兩紙證書就搞定了，
可婚後生活不容易，那是兩個人相互磨合與包容的過程。
過程中考驗的不僅是忠貞，更多的是彼此的容忍。
當然，愛是容忍程度的前提。
男人和女人，本是兩個截然不同的個體，
結合在一起，共同生活數十載，究竟雙方心裡是怎麼想的？

1 「怎麼過」遠比「和誰過」更重要

「終於肯出現了！」這是齊甜對這次聚會上見到表妹欣欣後的評價。欣欣笑著說自己前段時間比較忙，只好跟大家說抱歉。崔家橙在一旁笑著說，欣欣這一忙就忙了大半年，今天要是再不出現，都快想不起來長怎樣了。

欣欣在一旁不好意思地笑了笑，回答崔家橙，自己也是情非得已，除了忙著工作外也忙著戀愛，現在終於忙完，自己決定結婚了。

眾姊妹一聽都很驚訝，趕忙確認，得到肯定的答案後，又驚又喜，沒想到欣欣這丫頭辦事效率這麼快。

欣欣覺得曾曉偉對她很不錯，而且兩個人很聊得來，相處起來也感到很舒服，不要再等了。所以當曾曉偉向她求婚時，她就爽快地答應了，現在就是來通知姊妹們參加自己婚禮的。

段美旭在一旁羨慕得要死，她見過曾曉偉幾次，一看就是個的好男人，便對欣欣說：「妳是想氣死我們這些人吧，我見過曾曉偉，他看起來真的很疼妳啊！看樣子婚後妳大可以什麼都不必做，只等著他對妳好就行了。」

金允恩和崔家橙只見過曾曉偉一兩次，瞭解還不算太深，趕忙問美旭什麼情況，美旭就照實說來。的確，曾曉偉對欣欣很好，會在欣欣生理期前後做飯給她吃，安排這個時段該吃什麼食材比較好；兩人一起去逛街，欣欣非要穿高跟鞋，曾曉偉知道每次到最後她都會腳痛，就帶了運動鞋拎著，等欣欣逛街逛累了讓她換上；陪欣欣逛街也從來沒有怨言，還很熱心地幫欣欣挑選衣服，當作參考。

姊妹們一聽，羨慕得眼睛都發亮了，不過欣欣倒覺得沒什麼，她認為找到一個愛自己的男人固然不容易，但面對結婚的問題時，關鍵不是和誰過，而是怎麼過。她知道曾曉偉對自己很好，但卻不會表現出一副理所當然就該如此的態度，既然人家做了，就得讓他知道妳看在眼裡，感激在心，並且也要做些事情回應他的心意。這一點在婚姻生活中是非常重要的。

家橙一聽，覺得這話不像是欣欣會說的。

欣欣坦誠，自己最近在上婚姻輔導課，剛才她說的就是上課聽到的內容，以前她也覺得曾曉偉做什麼都是應該的，因為他愛自己，可上了課之後，欣欣發現事情並非如此，而且老師還講了一個故事——幾年前，有個女人嫁給了一個很愛她的男人，男人婚前婚後都對她都非常好，可以說無微不至。而她全然一副理所應當的態度，以為找了一個愛自己的男人，就可以不再為彼此的感情努力，只要等著另一方付出就可以，結果呢，眾人羨慕的一段婚姻最後還是瓦解了。欣欣說她聽到這個故事時嚇了一跳，因為和她就是這種心態，後來她試著改變自己，即便曾曉偉很愛她，她仍然需要為彼此的感情繼續努力。現在想來，多虧了上這個輔導課，讓自己看清許多問題，不然自己的婚姻也可能只是曇花一現了。

第三隻眼看愛情

至今為止，身邊超過半數的姊妹都認為，兩個人結婚後，結局就該是——「從此過著幸福快樂的日子」。似乎，女人們習慣性地認為，婚姻應該是苦難的終點，之前的戀愛過程和所有努力都該伴隨著婚禮的結束而停止，剩下的時間就是順其自然地等待幸福了。越來越多的女人堅定地認為，找個愛妳的男人結婚，婚後就能什麼都不做，因為他愛妳，也不需要妳為他做什麼。但是卻鮮有人知道，其實人生最需要努力經營的階段不是考大學前後，也不是就業前後，而是結婚之後三五年的人生。

兩個人相愛很簡單，因為愛情受本能的驅使，跟相愛的人在一起也是本能，跟著本能走並不需要什麼努力，雖然婚前也可能經歷曲折，但跟婚後的困難相比，仍是小巫見大巫。婚後需要面對不再只是眼前這個男人，還有你們共組的家庭生活。明明工作一天累得要死，手指都懶得動一下，還是要硬撐著去做飯；明明週末想在家休息，卻被拉著去參加婆家的聚會，感覺自己像馬戲團的雜耍猴子，真想甩頭就走，可事實上，還是要強顏歡笑地忍受著。因為女人婚後必須極盡全力抑制本能，去做自己根本不想做的事情。

無論對男人還是對女人來說，婚姻都需要不斷的努力，很多人可能會覺得很煩，認為結了婚還要不斷努力是件很苦的差事，但換個角度來想，只要努力，就能獲得婚後的幸福生活，是不是又覺得心裡舒服多了？與其像無頭蒼蠅般等待幸福的降臨，不如自己努力去獲得幸福。

有人曾評論婚姻就像男人女人站在一處懸崖邊，隨時都有可能墜崖，但生活中還是有很多幸福的夫妻，那絕不是因為他們幸運，而是他們努力地在懸崖邊上尋找可走的路，一步一步攜手往前邁進。

2 男人婚後依然渴望獵物，而女人只願當寵物

金允恩和陸凡在家裡看《康熙來了》，這一集內容聊到了夫妻生活，幾位女明星說她們婚後還是會和老公不時上汽車旅館，或者裝扮得很性感和老公來個二人燭光晚餐調劑情趣……

陸凡看著看著轉過身來對允恩說：「親愛的，我們什麼時候也去汽車旅館享受一下？我還沒去過呢。」

允恩皺著眉頭看著陸凡，「去那裡幹麼，你沒看電視上演嗎？那種地方是偷情才去的，明媒正娶的女人才不會去呢，說不定還會遭櫃台人員白眼呢！」

陸凡聽了允恩的話，頓時顯得有些掃興，隨即又說：「下個月我生日，妳扮成性感的兔女郎怎麼樣？我們也可以製造一點情趣……」陸凡摟著允恩的肩膀說。

允恩一把推開陸凡，斜著眼說：「我說你腦子裡在想些什麼？我是你老婆，不是兔女郎。」

「人家節目上不都說了，夫妻之間應該偶爾製造情趣……」陸凡有些委屈地說。

還沒等陸凡說完，允恩就打斷了他的話，「親愛的，那是電視上，我們是在現實中，你自己慢慢情趣吧！我去洗澡了，明天還要早起去勘場呢！」說完允恩朝浴室走去，留下陸凡一個人悻悻然地坐在沙發上，頹喪地把頭往後一仰。

就這樣過了兩週，眼看陸凡的生日就到了，允恩決定上街上逛逛給他買個禮物。恰好同事茱莉也要去逛街，兩個人便一起去了。商場內，茱莉和允恩逛了內衣專櫃，允恩打算買件隱形胸罩，而茱莉則一直在看讓允恩感到有些咋舌的情趣內衣。

結帳後，兩人找了間店喝飲料。允恩問茱莉買情趣內衣做什麼，茱莉大方地說要穿給老公看的。她和老公結婚四、五年了，要是再不主動出擊製造一點浪漫情趣，過不了多久老公就會覺得無聊乏味，另結新歡了。

允恩覺得不會，如果一個男人愛妳，怎麼可能輕易另結新歡呢？茱莉說這就是允恩太天真了，男人另結新歡有時只是為了滿足他們的獵奇心理，不像女人，是因為愛才會出軌。所以他們可以同時愛妳，卻又因為妳的乏味而去找別的女人。

允恩聽著茱莉的話，想到前陣子陸凡提議去汽車旅館被自己拒絕，表現得很失落，起初她不認為有什麼不良影響，現在看來，似乎也要重視才行。

聊了一會兒，茱莉說有事情要先走，兩個人就散了。

茉莉走後，允恩又回到剛才的內衣專櫃，選了一套性感的蕾絲睡衣。

陸凡生日的前一天，允恩在家做了一頓豐盛的晚餐，說要提前慶生，過屬於二人世界的生日，因為明日會有很多人來家裡參加正式的生日派對。

陸凡邊趕回家邊納悶，怎麼突然要提前慶祝呢，不是已經邀請朋友了嗎？正在猜測允恩想做什麼，一推開門，看到一桌子的飯菜和穿著性感睡衣的允恩，頓時明白了，高興得不得了。陸凡感受到允恩對他的重視，當然也燃起了陸凡對允恩的激情。

第三隻眼看愛情

婚後女人常常抱怨，不知道男人到底要什麼，自己那麼勤勞，把家打理得井井有條，可還是感覺不到他們真心的快樂。尤其是對結婚很多年的夫妻而言，妻子覺得丈夫和自己在一起一點激情都沒有，就是在應付，回到家就看電視，根本不理自己，於是常常找各種理由和丈夫爭吵，以此來證明他對自己還是有感情的。

可是女人卻忘了試著瞭解男人內心的想法，他們又何嘗不是這樣想的呢？他們肯定也在質疑，為什麼女人由女友變成妻子後就完全不同了？再也看不懂他們的暗示，也不願意配合他們的浪漫和偶爾的小情趣，生活似乎成了一潭死水。女人想要安穩沒錯，可是那安穩卻讓男人們抓狂，生性就渴望成為獵人的他們，怎麼會心甘情願就丟掉獵槍呢？

這一點是女人無法感受到的。

在婚前，女人在男人眼中是桀驁難馴的獵物，結婚後，她們卻變成了一成不變等待男人回家的「寵物」。女人為什麼想結婚，歸根究柢就是做累了獵物想當寵物，天真地以為婚後就可以享受男人的寵愛，自此安穩生活；可男人不同，他們結婚，如果不是因為外力的關係，那就一定是覺得馴服這個女人的過程充滿了刺激，當然前提是他也愛這個女人。而他心底渴望繼續延續這種充滿刺激的狩獵，一旦停止，難免會讓他覺得索然無味。

所以，想要獲得不一樣的婚後生活，女人首先要改變，想當寵物可以，但要換一種方式，偶爾製造些情趣、浪漫，喚起男人對妳的興趣，這樣他會更加寵愛妳，也會變得更體貼。妳甚至會發現，原來呆板的男人竟然也會偶爾買一束玫瑰偷偷放在床前，或是寫一張字條，告訴妳他愛妳。

3 婚姻中沒有應該相信的，只有想去相信的

欣欣和曾曉偉最近忙著張羅婚禮，每天都忙到很晚。

這天曾曉偉和欣欣回到家已經晚上十點多了，連晚飯都沒吃，曾曉偉半躺在沙發上說：「結婚可真是件累人的事情。」

欣欣聽到後說：「你反悔還來得及，離開我，你還有一大片森林，可是結婚後你就只能有我一個人。如果讓我知道你在外面去開發別的土地，我就……」欣欣把手比在脖子上說。

曾曉偉笑了笑，沒有說話，欣欣脫掉高跟鞋，躺在曾曉偉旁邊，突然義正辭嚴地問：「我從未問過你，和我結婚你不後悔嗎？要放棄一大片森林……有時候我也會擔心，你身邊圍繞著那麼多女人，先不說她們是什麼貨色，可男人大都抵擋不住女人的攻勢，你會不會也那樣，不小心就出軌了？」

曾曉偉坐直身子，看著欣欣說：「妳想聽實話？」

欣欣給了曾曉偉一拳，說：「當然，難不成在結婚前夕還想聽你敷衍的話？」

「實話就是：我無法給妳保證，但我能做的就是好好愛妳，把妳放在心上。這樣即使有人來勾引我也好，引誘我也好，只要一想到妳，就都能抵禦了。」

欣欣笑了笑，說：「話說得挺好聽，只怕你到時就把我拋到九霄雲外了。反正我就跟你說一句，在我還活著的時候，你千萬別出軌，你知道我的個性。但如果你真的出軌了，請不要讓我發現。要是你讓我或者我的朋友們撞見了，記得要狡辯，不要讓我知道，不然我真的會傷心死的。」

曾曉偉起初笑著聽欣欣講話，越聽表情越嚴肅，欣欣說完後，他很認真地對欣欣說：「我不求妳相信我，因為這個世界沒有絕對的信任，但只需要從妳心底去相信妳願意相信的，而我能做的就是對妳好，讓妳願意相信我不會出軌。」

第三隻眼看愛情

結婚前女人都愛思考一個問題，那就是婚後老公會不會出軌。

其實這樣的問題想想也沒有什麼錯，不過最好的建議是：別想了，因為這個問題的答案，恐怕男人自己也不知道，倒不如去想想男人若是出軌妳要怎麼辦，也算是給自己的婚姻提前買保險。可能這話很多人不愛聽，覺得不吉利，但買保險不也是這樣的嗎？我們買人身意外險，其實只是為自己今後留個保障，難不成是期盼自己早點出事嗎？

有些事情，越常想就越複雜，久而久之反而影響了夫妻之間的恩愛，給別人可乘之機。倒不如，無論老公出不出軌妳都選擇忽略，這樣老公反而不會出軌。不然，很可能因為妳的疑神疑鬼而加速老公出軌的機率。

聰明的妻子一定不會偷看丈夫的手機，更不會去跟蹤丈夫，即便她知道老公外面可能有了別人，她也不會去找小三大打出手。她只會從一些正常的管道入手，比如把房產轉到兩個人共同名義之下，瞭解財產分配情況等等，當作給自己準備一份保險，之後也不會再提及這件事，而是選擇相信丈夫。即便身邊的人都說她傻，她還是相信丈夫如果真的愛她，最後一定會回到她的身邊，而且因為愧疚與感激妻子的信任，加倍對她好；相反地，若丈夫狼心狗肺，毅然決定離開，她也已經有了準備，才不會成為被掃地出門的怨婦。

4 女人要走出「賢慧」的迷思

段美旭大清早起床就開始忙，洗澡化妝換衣服。

和她同住的齊甜還在房間裡呼呼大睡的時候，恍惚間聽見美旭的高跟鞋聲，以為自己做夢，直到高跟鞋的聲音越來越近，接著是敲門聲。

「齊甜，快點起床啦！」美旭提著嗓子喊道。

「現在幾點啊？」齊甜慵懶地問道。

「馬上就七點了！」美旭有些著急地說。

「旅行團不是九點半集合嗎？」齊甜蒙著被子說。

美旭和齊甜報名一個旅行團，這個旅行團與別的團不一樣，參加者都是非富即貴，要不是二人的好友欣欣正好在旅行社工作，她們是進不去的。這個團的大部分成員都是旅行社的高級會員，所以，對於想要飛上枝頭當鳳凰的女人來說，是非常難得的機會，但美旭和齊甜參加的原因並不是為了嫁入豪門，只是為了體驗生活。至於她們內心深處到底怎麼想的，就無從得知了。

「起來啦，妳得打扮一下，這樣子出門，可別說我是妳朋友！」美旭走進齊甜的房間，直接掀開被子，並從桌上拿了一杯水，那意思是告訴齊甜，再不起來就淋水伺候。無奈的齊甜只好點點頭，懶洋洋地起床。

待自己清醒一點之後，齊甜來到客廳，頓時傻眼了。客廳到處都為美旭試穿過的衣服和鞋子，齊甜嘆了口氣，開始收拾。

「急著收拾屋子幹麼，趕緊放下，洗完臉我幫妳化妝！」美旭說道。

「妳看著不亂嗎？」

「還好！」美旭笑著說。

「我終於知道為何妳以前都不跟男友住，非要出來自己租房子！」

「為什麼？」

「因為妳怕他看到妳是個如此懶散的女人，就不要妳啦！」齊甜開玩笑地說。

「才不是呢，我是不想從他的女友變成他的媽咪，妳也知道，男人追妳時妳就是公主，一旦追到手，住在一起或結婚了，就會從公主變為女僕，必須每天做這做那，還不能有任何怨言，他和他的家人則一邊享受妳的勞動成果一邊悠閒地看電視。最後，頂多打賞妳兩個字——賢慧，我可不想做這樣的女人，我要走出賢慧的迷思。」

美旭義憤填膺地說。

「你們不常在一起，萬一他找別人了怎麼辦？」齊甜很替美旭擔憂地說。

「很簡單，這有什麼好糾結，如果那樣就分手啦，這點寂寞都承受不了，我怎麼可能把後半輩子都交給他呢？再者，誰說談戀愛的時候非得黏在一起，妳想想，如果我現在就像他老婆一樣，他還會想和我結婚嗎？」美旭說。

「妳說得很有道理，但結婚後不還是得回歸賢慧！」齊甜撥開沙發上的衣服堆，找個了空位坐下。

「胡說，誰說結了婚以後就得那樣，難道女人天生就得洗衣服帶孩子下廚煮飯，把自己弄得狼狽不堪，消磨了自己所有美好的青春之後，人老珠黃，再忍受丈夫的背叛。女人要站出來，勇敢做自己，和心愛的男人在一起，不代表我們就要告別當公主的日子，相反地，只有我們依舊做一個驕傲公主，另一半才能做王子啊，要是我們變成女僕了，那麼他是什麼呢？」美旭握著拳頭說著。

「好吧，說不過妳，說謬論妳最拿手！」齊甜歪在沙發上說。

「呀，快點，都是妳浪費時間，快點去洗臉，我幫妳化妝……」美旭大吼著。

齊甜覺得美旭的話是謬論，因為齊甜從小在一個很嚴謹的家庭中長大，父母都是大學教授，對她的教育非常嚴格。美旭卻截然不同，她自懂事起就看著自己母親每天很早起床給全家做早飯，接著送弟弟上學，然後去上班，中午一點點午休的時間還要跑回家給他們姊弟倆做飯，下午繼續上班。這樣年復一年，母親的身體越來越差，面容也越來越憔悴，而父親呢？幫忙出一點生活費，偶爾親戚們聚會時，笑著誇兩句妻子很賢慧。在美旭十六歲那年，老爸跟著一個比他小十一歲的女人跑了，辦理離婚手續那天，父親還語重心長地告訴美旭：「不是爸爸不愛這個家，妳看妳們媽媽，每天就知道嘮叨，我真的受不了。」可美旭卻想質問父親，媽媽原本是這樣的嗎？不是的，她也曾美麗，也曾迷人，為了誰才變成這樣的？但美旭終究沒有說出口，只是在心底暗暗告訴自己，她今後要為自己而活！

是啊，女人要為自己而活，不要為「賢慧」二字所累，人生是自己的，即便結了婚，兩人的人生只不過是有了交集，並不代表完全重合。男人不必強求自己扛起所有家庭重擔，女人也沒有必要為了「賢慧」二字苦了自己。

這時持反對意見的姊妹們要反駁了，賢慧是華人社會的傳統美德，不能拋棄它，縱觀歷史，已婚的女人就應當標榜賢慧。

妳打算名垂青史嗎？現代女人結婚是為了幸福，離婚也是為了幸福，要真的標榜賢慧，就該告訴全天下的女人們再苦也不能離婚，沒了丈夫也不能改嫁，為什麼？為了那可歌可泣的貞節牌坊和賢慧的名聲啊，家務再多、再苦、再累都得一個人全包下來，就算丈夫嫌棄妳老找了新歡也得忍著，這才叫賢慧啊！

現代的女人們，難道妳們要做賢慧的奴隸嗎？

我們擁有這個世界上最美好的一切，當然，這份美好也有男人的給予，我們要做的是享受生活，愛自己，才能愛別人，不要總是在生活中扮演長輩的角色，難道妳不需要別人的疼愛嗎？

妳要愛他和他的家人還有你們可愛的孩子，但不要陷入賢慧的迷思，讓自己的生活從此圍著他人的生活打轉，永遠都要留一點時間給自己，可以安靜下來聽一首喜歡的歌曲，常買些漂亮的衣服打扮自己，如果可以，時常和姊妹淘們出去聚一聚也是應該的，這是妳身為女人的權利。不要覺得自己已經嫁做人婦，就應該如何如何，婚姻不應該是禁錮人生自由的枷鎖，婚姻應該使妳更加快樂。

當妳不再每天滿腦子想著家務、孩子、老公的時候，當妳決定偶爾偷懶休息一下，裝扮自己的時候，妳會發現，其實沒有人會責怪，相反地，他會更愛妳，畢竟，誰會不愛一個既能持家又美麗大方的女人呢？這時，妳溫柔地指使他去洗碗、收拾屋子，他也不會拒絕的……

5 「自私」有時是一種美德

「哎呀，累死了這幾天，我們哪是去度假啊，根本是要我們去做免費的助理！」齊甜把行李丟到一邊後，倒在沙發上抱怨。

欣欣帶的高級會員旅行團，一開始承諾讓齊甜和段美旭免費去享受，結果兩姊妹到了遊輪上才知道，什麼免費享受，分明就是助理導遊的角色。雖然沒有什麼粗重工作，但是每天給這些老爺、小姐、少爺們講這講那，累啊！

回想起這幾日的時光，其實也有很多有意思的事情發生，先不說在遊輪上吃喝都是免費的，單說美旭那段令人驚訝的豔遇，都足以占據茶餘飯後的所有話題。

那是美旭和齊甜上船後第二天，下午茶的時間，美旭閒來無事，欣欣為了給客戶助興，就慫恿美旭上台彈唱一首歌曲。她知道美旭很有這方面的天分，幾個姊妹還常開玩笑說，要是美旭也去參加歌唱比賽，說不定也能進十強呢？只不過美旭這個人太現實了，每次她總說：「沒錢、沒把握的事不做，去湊什麼熱鬧！」

雖然欣欣和齊甜一直慫恿，但美旭似乎沒聽見似的，直到欣欣說這架鋼琴是全球限量版的，好多名人都沒機會彈，美旭這才動心了。欣欣見狀，馬上展開新一輪攻勢，很快，美旭就被甜言蜜語打敗了。很多時候女人就是這樣，像一隻小野貓，可即便再野的小貓，再不想任人擺布，一旦人不停地撫摸，很快這隻小野貓也會難以抵抗，安靜地躺下來享受。此時，甜言蜜語對美旭來說就是最舒服的撫摸。

這時欣欣跑上擺著鋼琴的華麗小舞台上，對在座的人說：「接著，有請美旭小姐給大家帶來一首歌曲！」

話音剛落，台下傳來一些掌聲，其中尤其一個男人拍得最為起勁，他叫做董明偉，是某公司的總經理，一個典型由富二代轉型的企業家，現年三十五歲，也算得上是鑽石級的男人啦。

他這兩天一直很關注美旭，這次美旭要上台演唱，他自然表現得很興奮。

美旭慢慢走上台，朝著台下微微一笑，坐到鋼琴旁，琴聲響起，是諾拉．瓊絲的一首老歌，也是美旭很喜歡的一首——Don't know why。

美旭投入地唱著，冷靜而略帶沙啞的聲音，台下很多人都小聲稱讚著。

一曲完畢，人們回應美旭一片掌聲，美旭依舊微笑，走下台，眼睛掃了一眼四周，不見欣欣和齊甜的影子，只好找了靠近船艙窗戶的位置坐下。不經意間，美旭對上了一雙眼睛，明亮而驕傲，來自一個衣著華麗的女人，那個女人淡淡地笑了笑，美旭也笑了一下算是禮貌地回禮。服務生端來一杯咖啡，美旭則看著窗外，靜靜喝著，想起了很多事情。這樣的生活，華麗得如夢境一般，卻有些不真實，每個女人都嚮往這樣的生活，但美旭覺得自己更適合當一隻流浪貓，四處遊逛，不願受到束縛。

「風景很美，對吧！」一個男人的聲音。

美旭回過神來，看了一眼這個突然坐在自己對面的男人。這個男人剛才一直關注著自己，美旭意識到他肯定想說些什麼，但他的笑容太自信，讓美旭感到不舒服。似乎在這個男人眼裡，美旭不過就是天底下一株無奇的小花，只要他需要，她就得為他綻放。事實上，美旭明白，她不會！

「在你來之前，是的！」美旭笑著說。

「……」男人被美旭的這句話弄得有些尷尬，但看到美旭的笑容後，他又說：「妳的歌聲很棒，那首歌我也時常聽，覺得妳唱的不比諾拉．瓊絲差！」

「謝謝，我也這麼覺得。」美旭說著。

「呵呵……我覺得那架鋼琴很適合妳，妳們搭配在一起才是最美的，所以，如果我說把那架鋼琴送給妳，妳會怎樣？」董明偉自信地笑著說。

「我家裡放不下那麼大的鋼琴，很感謝你的好意！」美旭直接拒絕了，「如果您沒別的事情的話，我想一個人看看窗外的風景可以嗎？」

「……當然可以，這是我的名片，如果妳改變主意，隨時打給我，我只是單純欣賞妳的歌聲，請別誤會！」董明偉笑著說，留下一張名片，離開了。

美旭拿起名片看了看，留在桌上，起身要走。這時卻被坐在後側剛才對自己微笑的女人叫住了，美旭禮貌地走過去，女人示意美旭坐下來。

「不忙吧？」女人很優雅地說，美旭看著她，說真的，美旭沒有一點嫉妒，只有羨慕。美旭想，誰能娶到這樣的女人真是有眼光了。

「不忙！」美旭笑著回到。

「妳是我見到的第一個對那張名片毫無感覺的人！」女人說著。

「名片？」美旭想著，想到剛才那個叫什麼偉的名片。

「剛才的那個男人，他是我的丈夫！」女人淡淡地的說。

「……」美旭有些吃驚，然後說：「那妳……」想著該不會是找麻煩吧，哎……

「我正打算和他離婚，但是妳知道，我們的婚姻不單單是一紙婚約那麼簡單，妳不介意聽我說說吧！」女人看著美旭。

「哦，不，妳說吧！」美旭說。

「看到妳感覺很親切，我叫孟嘉嘉，妳叫美旭對吧，妳的歌很棒！」孟嘉嘉說。

「謝謝您！」其實美旭是一個比較八婆的人，現在她更急切地想聽這個優雅女人的故事，當然毫無惡意，反正閒著也是閒著。

「我和他六年前結婚，當時我覺得自己很愛他，而我的家族也很愛他的背景，當初我父親的公司瀕臨破產，結婚後是他出資幫助了我父親。起初，我對他是感激的，但是後來我發現，他和最初認識時完全不一樣，他總是背著我和別的女人在一起，我為了這些事情幾度想要離婚，但家人總是勸我，妳知道的，這裡面牽扯太多利益了……」孟嘉嘉嘆了口氣。這些話她就連閨蜜也未曾說過，或許對著美旭這麼個陌生人倒是可以敞開心扉一次。

「然後呢？」美旭問。

「五年了，我一直堅持著，現在女兒三歲了，我總想著可以繼續吧，為了孩子，為了我父親……可是他變本加厲，毫無悔改之意，也許他知道我不會離開，因為他握有我父親公司一大部分的股權，還為了我們的孩子。」孟嘉嘉聲音顯得有些微弱。

「就一直忍著？妳的女兒是不會幸福的，她生活在沒有愛的環境中，怎麼可能幸福呢？妳這樣是無知！」美旭說。

「無知！」孟嘉嘉聽著美旭的話，瞪著眼睛，從沒有人說過她無知，從小到大，但是現在仔細想想，自己真的滿無知的。

兩個人又聊了一會兒，各自散去。

接下來的日子，一切如常，董明偉時常藉機找美旭說說話，但美旭每次都回絕了，她打心眼裡討厭這樣的男人，因為他的不負責任讓美旭想起了自己的父親。遊輪假期一共十天，就在第九天晚上，孟嘉嘉約美旭去遊輪的天台聊聊。

「美旭，我們認識不過幾天，但我覺得我們很有緣，像是認識了很久。」孟嘉嘉笑著說，沉默一會兒，她接著說：「我決定和董明偉辦理離婚了，已經和他說了，我忍了五年，是該自私一回，為自己而活了。」

「真的？真高興妳想清楚了！」美旭笑著說。

「說出來心情真的很輕鬆，現在我要做的就是爭取女兒的撫養權，無論家裡人說什麼，做什麼，我只想先讓自己活得快樂。妳說，這會不會很自私？」孟嘉嘉說。

「是有點自私，不過自私得剛剛好。妳知道嗎，有些時候，女人的自私是一種美德，為了獲得真正的快樂與幸福。只有妳自己幸福了、快樂了，身邊愛妳的人和妳愛的人才能幸福啊，對不對？」

「對，謝謝妳，美旭！」孟嘉嘉說。

女人一生差不多都是為別人活著，小時候暫且不說，長大後結了婚，為了丈夫，結婚選擇還要考慮到自己的父母，有了孩子，考慮的就更多了，無論是哪種女人，幾乎無例外地陷入了這種無私的境地之中。

女人啊，妳累嗎？男人們常常說妳像貓，可是除了依賴人這一點像貓之外，妳怎麼不多學學貓咪的其他面呢？貓那麼自私，妳為何學不會呢？

當然，學習貓的自私，並不是要妳嫌貧愛富，一旦自己無法得到好的享受就另覓人家，而是，妳至少先讓自己活得快樂些吧，生活是自己的，沒有人能幫妳過。曾經看過某歌唱比賽節目中的一個環節，一個選手淘汰了，主持人會要他把自己的號碼交到台上沒被淘汰的人手上，請這個人幫助自己繼續音樂的夢想，看似很感人，其實毫無價值。夢想若可以找人代替實現，那麼，比爾．蓋茲家的大門早就被敲爛了，有多少人找他幫自己實現當富翁的夢想啊！

夢想要自己去實現，快樂和幸福也是。女人更是該如此，如果總是把眼睛定格在別人身上，那麼，妳注定會不幸。也許妳有很多的藉口，比如為了父母，他們辛苦了大半輩子；要維護婚姻，兩個人在一起不容易，必須給孩子一個完整家庭，孩子是妳的全部……

諸如此類，妳總是有無數的藉口放棄幸福，可是，能否換個角度思考，父母含辛茹苦為了什麼，妳的快樂；妳結婚為了什麼，為了幸福；養育孩子，妳最應該讓他體會到什麼，還是快樂和幸福，可是一個自己都不快樂、不幸福的母親，如何能給與孩子足夠的幸福感和快樂感呢？

所以，女人請「自私」一點吧，讓自己快樂，是時候給自己的心靈減輕包袱了，妳不可能背負著所有一切去尋求幸福，有些東西必須要放手，而愛妳的人會理解妳，也會因為妳的笑容而快樂無比。

有些時候，「自私」是一種美德！

6 男人隱婚的那些伎倆

欣欣和曾曉偉結婚了，婚禮場地定在郊區的一棟別墅裡。一切都按照歐美的方式辦，這是欣欣的想法，她說，她不喜歡去飯店，人來人往的，還是這樣好一點。

婚禮儀式結束後，欣欣和曾曉偉各自去敬酒，欣欣向金允恩這邊走過來，快到允恩身邊時，看到了嚴曉明，欣欣與他並不熟悉，只是和曾曉偉一起吃飯時遇到過一兩次，對這個嚴曉明沒什麼好感。

欣欣聽到嚴曉明在和允恩搭訕，內容不過是那些老套的話，也不知道說到了什麼，欣欣不經意地聽到嚴曉明說了一句：「我還是單身呢！」

欣欣聽到這句後，皺了皺眉頭，見曾曉偉也朝這邊走過來，就叫住曾曉偉，問：「那個嚴曉明不是已經結婚了嗎？」

「對啊，在美國結婚的，前兩天剛回來。」曾曉偉說著。

「怎麼了？」曾曉偉不知道怎麼欣欣突然問到嚴曉明。

「沒什麼，聽到剛才他和我表姊的朋友聊天，說自己單身，這種男人真是的！」

欣欣厭惡地說。

「別大驚小怪啦，商場上這些男人，有幾個不隱瞞自己有妻小啊！」曾曉偉說。

「那你呢？」欣欣瞪著曾曉偉說。

「我啊？我逢人就說我是有老婆的人，她叫欣欣，呵呵！」曾曉偉笑著說。

欣欣也被曾曉偉逗笑了。

第三隻眼看愛情

生活中，一個男人在別人面前談論自己的老婆，如果說得全是好話，那麼很顯然，他老婆就是讓他很滿意的優質女人，可以滿足他的虛榮心，隨意炫耀；但如果一個男人總是在別人面前說自己老婆壞話，那麼，這個男人肯定想出軌了，因此不斷地在別人面前說老婆不好，以博取同情。男人若是抱怨，目的絕不僅是為了排解心中不滿。

而一個已婚的男人不對任何人說起自己的老婆，原因也很簡單，他希望給自己留一個空間，使他既能得到老婆的愛，也能肆無忌憚地和別的女人搞曖昧。

男人女人，已婚未婚，玩得就是心理戰。對於一個未婚的女人而言，一個開口閉口都是老婆的男人是不可愛的。但一個已婚了卻從不提自己老婆的男人又是不可靠的。對一個已婚的男人來說，如果他總是在一個女人面前談及老婆，表示他認為這個女人不可愛。若他從不對這個女人談及老婆，則代表他對這個女人感興趣，至少不想當即因為婚姻這堵牆而終結。

女人結了婚，最大幸福就是在朋友們面前曬恩愛。男人結了婚，最大幸福是能夠在其他的女人面前隱瞞已婚的事實。

如果妳遇到了這樣的男人，或老公正是這樣的男人，妳要做的就是立即給他點顏色看看，因為，男人隱婚是會上癮的！

Chapter 8

挑男人就像「撿貝殼」

無論男女，到了一定年齡就會想戀愛結婚，這是很自然的過程。
然而，浮華都市中，也免不了有那麼一群男女，
戀了又戀也沒結婚，挑了又挑也沒選中一個「合適」的人。
一段愛情的結束是因為另一段愛情的開始，
遇上了一個人卻又擔心不是對的人……

1 為什麼沒人愛我？

回顧前段時間的遊輪假期，無論對齊甜還是美旭來說，不過是黃粱一夢罷了。她們都清楚，這種小便宜或許生活中隨處可占，但最終還是得回歸現實生活。

現實生活就是，齊甜要去上班，繼續她的攝影工作；美旭則回她的廣告公司，在經濟不景氣的大環境下，多爭取讓客戶滿意的設計。

兩個女人繼續著各自的忙碌，繼續……

週末，幾個女人約了出來坐坐，距離遊輪假期已經過了兩個月了。

來到姊妹常聚會的地點之一——大學同學小潔開的咖啡館。

齊甜和欣欣已經坐在靠窗子的座位喝飲料了，小潔還在櫃檯上忙著，這家茶餐廳的面積不大，地理位置也不算很熱鬧，但周圍有一兩家大學，生意還不錯。為了縮減成本，小潔只請了一個服務生，餐廳內從咖啡到蛋糕都是小潔一個人做的，欣欣沒結婚前，偶爾不忙時也會過來幫忙。

美旭走進門，在吧台處和小潔打了個招呼，直奔齊甜她們這邊，看到齊甜一副沒睡醒的樣子，穿著一套有些縐褶的大裙子，便說：「我親愛的齊甜，妳就不能每天找個時間打理一下自己，平常就算了，今天妳不是跟同事們去吃飯了嗎！」

「又沒人看！」齊甜不以為然地說。

「不是啊，我們打扮也不是為了給別人看啊！」欣欣端給美旭一杯咖啡說著。

「不不不……妳們不一樣，妳們有人愛或迫切想找人愛，我還好，沒人愛也不迫切想找人愛，沒那個必要！」齊甜懶洋洋地說，最近剛剛結束了兩個拍攝工作，累都累死了，哪有心思打扮啊！

「看見沒，欣欣，這才是謬論呢，照她這麼說，我們女人有人愛才能美，沒人愛就不需要美了？」美旭白了一眼齊甜。

「本來不是嗎？沒人愛美給誰看！」齊甜說。

「美給自己看！」欣欣和美旭異口同聲地說。

女人們，有時難免「林黛玉」一下，悲嘆自己命運不濟，沒有真命天子來愛自己，好不容易看上了，也難免陰差陽錯，花容無人閱，乾脆放任自流好啦。於是，女人們變得越來越隨意，個個看起來都像是藝術家（人們對藝術家的慣有評價就是邋遢、不拘小節）試問這樣的女人，哪個男人敢愛呢？

與其說女人因為無人愛而邋遢，不如說女人因為邋遢而無人愛。

一次偶然的機會，在朋友家的社區看到一隻流浪狗和一隻流浪貓，流浪狗全身泥濘，毛髮都捲在一起了，牠慢步朝著我走來，說實話，我很喜歡小動物，可看到這隻小狗的樣子，有種本能想躲避的感覺。於是我繞開了流浪狗。

至於流浪貓，我仔細打量了一下，黃白花紋，除了後背處黏了一點泥土之外，牠很乾淨，我伸出手摸摸牠的頭，牠撒嬌似地倒在我的手下，很惹人愛。隨即，我拿出一根為朋友小狗買的熱狗，打開包裝，一點點餵給小貓……

確實，我對待流浪狗和流浪貓的態度不同，原因我自己知道，因為流浪貓給我的感覺很好。女人們又何嘗不是如此呢？在沒有找到愛自己或自己的愛的男人前，我們都在感情路上流浪，但妳選擇做一隻流浪狗還是流浪貓，其結果截然不同。

女人要多愛自己一些，就像貓咪那樣，無論何時，牠們總會在每天中找出一點時間打理自己，或舔舔爪子，或梳理毛髮，讓自己看起來很乾淨、很漂亮。只要妳肯為自己多花點心思，每日出門前稍微打扮一下，不要以為反正也沒人看，不要總有一種為了別人而美的想法，妳的人生由妳掌控，妳的美麗也是如此。

常言道，愛美之心人皆有之，管他有沒有人愛，天生麗不麗質，後天的美麗與魅力掌握在妳自己手上，千萬別為了無關緊要的藉口，虛度妳的大好光陰！

2 不要被「完美」所累

崔家橙的家人又開始催促她結婚了，和傑森分手後一直還沒有告訴家人。這次被實在催得煩了，崔家橙直接告訴家人這件事，家裡人沉默了一兩週後，便開始忙碌起來，紛紛打電話給崔家橙，要她去相親。

崔家橙再次打電話回家強調，她想要找一個自己真正喜歡也適合自己的，不料老爸一個反問，讓崔家橙半天說不出話來。老爸說：「當初那個傑森妳也說是自己真正喜歡也適合的，現又如何，不還是狼心狗肺的傢伙。妳什麼也別說，趕緊去見見妳媽幫妳介紹的那個人，各方面條件都很好。妳自己再找得找到什麼時候，眼看都要三十歲了。」

崔家橙被家人煩得實在沒辦法了，只好同意。本以為老媽也就是幫她找一兩個，見見就算了，沒想到一約就是六七個，崔家橙差點被老媽氣死，一次看那麼多男人，跟媒婆似的。老媽倒是有自己的理論，這麼多男人總該有她看得上的吧。

崔家橙約了已婚的欣欣和允恩陪自己一起去相親，兩個人起初都不願意，後來商量好，允恩和欣欣坐在鄰桌陪自己就好了。

崔家橙一天之內見了六個人，從早上十點到晚上七點都排滿了。結束後，見來約會的男人走遠了，允恩和欣欣從隔壁桌坐過來，允恩捏捏肩膀，說今天比上班還累，欣欣則趕忙問崔家橙有沒有覺得哪一個還不錯，崔家橙搖搖頭。欣欣嗓門突然變大，問崔家橙腦子沒病吧，這麼多男人，總該有一個適合的啊。她和允恩在一旁都覺得有好幾個很不錯，還不忘誇讚崔家橙的老媽很有眼光，個個都是精英級的男人哦。

可是崔家橙總覺得少了點什麼，覺得不夠完美。一聽到這個詞，欣欣就撇了嘴，她說：「家橙，我敢說就不怕妳生氣，妳也說過傑森是妳的完美男人，到最後不過如此。我覺得妳不妨選一個試試，畢竟世界上哪還有什麼完美的男人，再說，太完美的男人就算出現了，我猜也不會是個好的結婚對象。又不是要妳馬上就結婚，但可以先找一個交往看看，說不定感覺就對了。我剛才和允恩討論，第三個和第五個都不錯，長得又帥，我看妳媽給的資料，工作好又有能力。」欣欣說著，感覺好像是自己挑男友一樣。

崔家橙看她那副模樣，說：「要不要把妳家曾曉偉休了，重新找一個！」

欣欣白了一眼崔家橙說：「我是在幫妳，不過話說回來，要是我沒有遇到曾曉偉的話，那兩個人都是我的菜。」

女人對待婚姻的態度無不謹慎小心，這樣本無可厚非，甚至是值得嘉獎的，畢竟婚姻是女人一輩子的幸福，是女人第二次的生命，誰希望自己下半輩子因為遇人不淑而悲慘度過呢？

可是有些時候，女人謹慎過了頭，反而就成了婚姻的絆腳石。現實中，眼看著三十好幾還沒嫁的人不在少數，尤其是快四十歲還沒找到戀愛對象的女人，大都是因為對待婚姻太鄭重其事，心裡暗下決心，這輩子非百分百好男人不嫁，可如何找一個百分百好男人開始一段美好的婚姻呢？這往往就是女人過於偏執與理想化了，世界上哪裡存在真正完美的好男人呢？

婚姻對女人而言非常重要，沒有一個女人在結婚時還想著下次再結婚的事，所以，婚姻對女人來說都想一鎚定音。於是乎，得找個好男人才能嫁；好男人得真心愛自己才能嫁；當真心愛自己的好男人找到後，還要等到時機成熟才能嫁……無形中，女人給自己定了太多限制。

很多人覺得，選老公和選房子是一樣的，因為都是一輩子的事，所以看啊看，選啊看，看著「房價」一路升高，買房子的人都賺了大錢，妳還沒出手，再等下去，本來能買別墅的錢，現在只能買個郊區小公寓了。

婚姻不等人。不重視婚姻是錯的，但太過重視婚姻也是錯的，婚姻如愛情一樣，也有保質期，過了期限，男人女人的感情都會走味了。

總是在選擇、等待的女人大都不是那些青春年少、意氣風發的女人，因為這年紀的女人多沉浸在愛情的美好中，沒有那多時間去謹慎。相反地，越是那些大齡剩女，挑對象越是謹慎，她當然知道婚姻的危機感正一點點加重，但是有太多顧慮不得不考慮：「自己不是二十歲的小姑娘了，要是選錯了，很難有再選的機會。」再者就是曾在感情中遭遇背叛的女人，因為受過傷，所以在涉及到一輩子的選擇，不免猶豫，擔心再次受傷……諸如此類，大齡剩女總是想只下一次注就押中所有的寶。

可是一次全中的可能性究竟有多小，女人自己也知道，婚姻本來就不可能十全十美，太過謹慎只會讓妳喪失更多可能幸福的機會。除非妳願意賭上全部的青春去等待那個完美的機會，不然，還是稍微鬆開手，給男人多些機會，更是給自己多些機會。

3 別把自己熬成「婆」

距離上次相親也過半個多月了，崔家橙一直沒有回覆老媽到底選哪一個。雖然期間也有那天相親的男人發來簡訊，但崔家橙都回得有一搭沒一搭。

她不知道自己是怎麼了，似乎對感情這件事看淡了，想找十全十美的男人，覺得除了十全十美的對象外都不能結婚，這些可能是和傑森交往留下的後遺症吧。想在那個男人面前證明自己過得好，也害怕再遇到同樣的男人，耗費自己的青春。

一個人窩在家裡想著，突然想到那日欣欣說的話，又想到那天在百貨公司的停車場遇到美可的事。崔家橙對美可自然是恨的，但恨歸恨，可也不到見了面只能惡言相向的情況，崔家橙看得很開，出軌這件事，一個巴掌拍不響。

美可見到崔家橙時多少有點內疚，但出於女人天生的嫉妒心理，為了證明自己和傑森才是最合適的，故意告訴崔家橙，她和傑森準備過完年就結婚了。崔家橙微笑著祝福他們，上了車後，心裡還是悶得發慌。

可能是因為想到了這件事，崔家橙突然覺得自己不能再等了，她確實需要一個男人的，一個可以一起逛街、散步的男人，而不是把所有的時間都寄託在工作上。其實她不是工作狂，而只是害怕寂寞的時間太多，自己太難熬罷了。

眼看著時間不等人，自己就要三十了，就算不急著結婚，也該找個男人先談戀愛，趁現在還有許多機可以挑男人，好好挑一個合適的，不然以後只能等別人來挑自己。

想著，崔家橙翻看了一下老媽傳來的相親資料，她覺得第五個男人真的不錯，而他似乎對崔家橙也有好感，發過幾次簡訊，就在剛剛，他還約崔家橙一起去看他們公司贊助演出的舞台劇。崔家橙拿起手機，回了句：「好啊！」

第三隻眼看愛情

現代的女人不同於以前，以前女人二十歲就當媽了，現在的女人三十歲還單身呢。她們不願意太早結婚，尤其是那些很有能力的女人，她們總覺得一個人生活也不錯，年紀還輕那麼早結婚幹麼，還沒享受夠生活呢。

女人這些想單身、不願嫁的想法，是因為她們完全沒有意識到年齡的危機感，三十多歲還覺得結婚太早，多半是因為根本不瞭解男人的心思。

年輕、漂亮、可愛再加上好身材，這是全體男人的共同擇偶標準，無論二十來歲的年輕小夥子，還是四、五十歲的老男人，都想找這樣的女人。在男人心裡，女人年輕就是本錢，即便除此之外她擁有的其他東西很少很少，相反地，一個女人就算什麼都有，唯獨沒有青春，男人也是看不上眼的。妳可以說自己有能力、成熟穩重，可男人就是這樣刻薄，妳的年紀越大，他對妳的好感就越少。不是說超過適婚年齡的女人找不到好男人，只是說她少了許多挑男人的機會。而這一點其實和女人的擇偶標準剛好背道而馳的，有能力的女人大都不喜歡太年輕的男人，因為他們不成熟，女人對男人好感會隨著年齡而遞增，當然，前提是在她能接受的年齡範圍內。

於是，這些年紀稍大的未婚女子，就成了婚姻市場中最尷尬的一群人。但是怪誰呢？只能說她們還不懂，這年頭女人依舊愁嫁，男人依舊愁娶啊！尤其是對這些很有能力的女人來說，因為有能力她生活過得很好，所以對婚姻的要求也更高，比一般女人更加挑剔，難免左挑右選後，蹉跎了光陰。

當然，這樣的女人也不是沒試著去找合適的男人，在她們還是小女孩時候，只是那時總是錯過或遇人不淑，最後乾脆放棄，或投身事業，或覺得以後再找吧。

除此之外，這樣的女人們還有一套很強大的自我安慰能力，她們總是在還未找到 Mr. Right 前對自己說「好事多磨」，然而晚婚和好事多磨之間一點關係都沒有，甚至越磨越不如從前。但女人還是願意讓自己去相信，只要還沒結婚，這樣話她們就一直說。

要記住，女人千萬不要把自己熬成單身「婆」，事業很重要，曾經遇人不淑也沒關係，只要走出來，明天依舊燦爛。想要自己的生活，想追求自己的人生，這與找個好男人一點也不衝突！

4 好男人不是「等」來的

美旭公司新來了一個人事主管，因為最近美旭的部門在徵人，所以兩個人在工作上接觸的機會比較多。美旭是公司設計部的主管，每次有人來應徵，都要人事主管和應徵部門的主管一起面試，一來二去美旭和人事主管也熟絡了。

人事主管叫張章，今年二十九歲，性格很直爽，最重要的是，張章為人風趣幽默，美旭覺得和他相處起來很開心。

因為公司內有員工餐廳，中午美旭時常找機會和張章一起用餐，他似乎也很喜歡和美旭一起吃飯，兩個人聊得很投機。

後來，美旭跟齊甜說了這事，齊甜問美旭還等什麼，主動出擊啊，美旭總是說再等等，再等等，她想等到張章主動來找自己。

一等就是一個多月過去了，這兩天美旭聽說張章被告白了，跟他表白的也是公司同事，是新來不久的行政助理，大學剛畢業來實習的。這下子美旭坐不住了，回家就告訴齊甜，可是現在這種局面，怎麼辦呢？難不成要自己主動告白，美旭覺得那樣未免有些太不矜持，到底該怎麼辦，美旭問齊甜。

齊甜說：「只有一個辦法，去告訴他，不然就錯過他，誰教妳一開始等啊等啊的，現在的尷尬局面是妳自己造成的。」

美旭無奈，一晚上沒睡好，第二天很早就起床，精心打扮一番。下班後，她約張章一起吃晚飯，可是張章說自己有事，美旭表面上說沒關係，內心卻懊悔怎麼不一早就約張章，看樣子這張章一定是跟那個小女生有約了。正當美旭胡思亂想時，張章突然叫住轉身要走的美旭說：「我晚上約了同學吃飯，不如一起，他們都是不錯的人。」

美旭頓時喜上眉梢，心想「不是有人說，一個男人喜歡上妳時，才會帶妳去見他的朋友」。美旭按耐心中的喜悅，表現得很平靜，問會不會打擾之類的，便隨張章去了。

席間張章的同學都開玩笑地稱讚張章好福氣，找了這麼一個漂亮又知性的女朋友，張章只笑著回說只是朋友，自己哪有那麼好福氣。聚會結束後，張章送美旭回家，因為喝了些酒，張章提議要不要先走走，散散酒氣，美旭答應了。因為心裡也正有此意，兩個人走著，好像都在找話題，張章先開口：「今天謝謝妳。」

「是我該謝謝你，今晚過得挺開心的。」

美旭說完，張章又不知道說什麼了，兩個人繼續沉默，過了一會兒，美旭決定是時候說了，不然錯過今晚怕就沒機會了，美旭說：「那個，找一個像我這樣的女朋友真的是福氣嗎？」

張章聽著美旭的話，抬起頭看著美旭，然後重重地點點頭，說認識第一天就覺得美旭很特別。美旭正準備開口時，張章又說了：「那……我可不可以追求妳？」

原來張章早就喜歡美旭了，只是不知該怎麼辦，怕美旭不喜歡自己，覺得美旭應該是對男友要求很高的女人，若不是今日美旭來找自己吃飯，他也沒勇氣說出這些話。

第三隻眼看愛情

女人時常抱怨，為什麼身邊都沒有好男人呢，好不容遇見了一個，不是有女友了，就是不喜歡女人……

於是，越來越多的女人有了懶得戀愛的藉口，因為滿街都是平庸男，找不出一個出類拔萃的，滿足不了她們的要求，又談何戀愛呢？

既然沒有合適的出現，為什麼不主動去尋找呢？拿出她們看上某款衣服逛遍整個百貨商場也要找到的拚勁，怎麼可能找不到呢？可是女人不屑去尋找，而是慣於去等待，等待生命中的 Mr. Right 出現，只是那個他遲遲不現身，女人只好繼續等，繼續幻想那個還沒出現的 Mr. Right。

無數事實證明，越是優秀的女人越容易做夢，期待有朝一日美夢成真。

但她們絕不會親自去外面尋找那個如夢一般的男人，而是堅定地相信，真正的 Mr. Right 會自己找上門來。可惜女人不懂，若這愛情真是一場宿命，天機又如何能讓妳知道呢？

但偏偏還是有那麼多的女人偏執地相信這種命中注定的緣分，在沒有找到 Mr. Right 前，這種在心底堅信的緣分對女人而言既是一種安慰，當然也是一種不錯的逃避方法。不是不愛，不是不婚，只是還沒遇真正合適的 Mr. Right，緣分未到。這個時候，宿命成了女人不婚的擋箭牌。

有人把男女之間的婚姻比喻成逛商場，女人是來賣東西的，男人是來買東西的，當季時，男人去買東西，女人開的價格特別硬，看不順眼的顧客，再多錢也不賣，就這樣顧客來了一批又一批，衣服還是沒賣掉，可女人不擔心，總覺得會賣出去，結果等啊等啊，等到過季了，無人聞問，女人就著急了，再不賣就真的要困在倉庫裡了，於是迫不及待打折拍賣，勉強找了個買家，細細一算，還是賠了不少……

對女人而言，如果不打算一輩子獨身的話，最好不要把自己熬成過季而迫不得已打折拍賣的賣家。還是在當季時趕緊找到合適的買家吧，不要一心想著再等一等，殊不知最後等到的只是人老珠黃和乏人問津。

如果妳覺得自己還年輕，無需談婚論嫁，那也無可厚非，可妳身邊總得有個男人備選，進可攻，退可守，不要等到該結婚的時候才去選擇，因為到那個時候可供妳選的早已寥寥無幾。

就當下而言，傻傻的等待那個所謂 Mr. Right 出現，基本上都不會得到妳一開始想要的結果，倒不如自己去尋找，反而能找到一個最接近理想條件的男人，也只有這樣，才能知道究竟誰最適合妳……

國家圖書館出版品預行編目(CIP)資料

追愛：真實的愛情故事就在你我身旁／葉子涵著 .-- 第一版 .
-- 臺北市：樂果文化出版：紅螞蟻圖書發行，2016.05
面； 公分 . --（樂繽紛；36)
ISBN 978-986-93011-3-8(平裝）

1. 戀愛 2. 兩性關係

544.37 105005595

樂繽紛 36
追愛－真實的愛情故事就在你我身旁

作者／葉子涵
總編輯／何南輝
責任編輯／韓顯赫
行銷企劃／黃文秀
封面設計／張一心
內頁設計／菩薩蠻數位文化有限公司

出版／樂果文化事業有限公司
讀者服務專線／（02）2795-3656
劃撥帳號／50118837 號 樂果文化事業有限公司
印刷廠／卡樂彩色製版印刷有限公司
總經銷／紅螞蟻圖書有限公司
地址／台北市內湖區舊宗路二段 121 巷 19 號（紅螞蟻資訊大樓）
電話：（02）2795-3656
傳真：（02）2795-4100

2016 年 5 月第一版 定價／ 250 元 ISBN 978-986-93011-3-8